Carsten Rennhak (Hrsg.)

Zukunftsfeld Elektromobilität

Herausforderungen und Strategien für die
Automobil- und Zulieferindustrie

REUTLINGER SCHRIFTEN ZU MARKETING & MANAGEMENT

Herausgegeben von Carsten Rennhak

ISSN 1865-3162

1 *Carsten Rennhak und Ines Stiefbold*
Beschwerdemanagement in Franchisesystemen
ISBN 978-3-89821-832-0

2 *Britta Mertens, Jana Sazepin und Carsten Rennhak*
Stirbt die Mitte?
Konsumentenverhalten im 21. Jahrhundert
Herausforderungen und Strategien für Marketing und Management
ISBN 978-3-89821-892-4

3 *Katrin M. Heigl und Carsten Rennhak*
Zukünftige Wettbewerbsstrategien für Automobilzulieferer
Chancen und Risiken der dritten Revolution in der Automobilindustrie
ISBN 978-3-89821-902-0

4 *Carsten Rennhak (Hrsg.)*
Die Automobilindustrie von morgen
Wie Automobilhersteller und -zulieferer gestärkt aus der Krise hervorgehen können
ISBN 978-3-8382-0012-5

5 *Carsten Rennhak (Hrsg.)*
Kommunikationspolitik im 21. Jahrhundert
ISBN 978-3-8382-0192-4

6 *Carsten Rennhak (Hrsg.)*
Aktuelle Instrumente der Marketingpraxis
Relationship Marketing, Social-Media im Kundenservice, Cross-Selling, Ingredient Branding, Corporate Identity
ISBN 978-3-8382-0342-3

7 *Carsten Rennhak (Hrsg.)*
Zukunftsfeld Elektromobilität
Herausforderungen und Strategien für die Automobil- und Zulieferindustrie
ISBN 978-3-8382-0452-9

Carsten Rennhak (Hrsg.)

ZUKUNFTSFELD ELEKTROMOBILITÄT

Herausforderungen und Strategien für die Automobil- und Zulieferindustrie

ibidem-Verlag
Stuttgart

Bibliografische Information der Deutschen Nationalbibliothek
Die Deutsche Nationalbibliothek verzeichnet diese Publikation in der Deutschen Nationalbibliografie; detaillierte bibliografische Daten sind im Internet über http://dnb.d-nb.de abrufbar.

Bibliographic information published by the Deutsche Nationalbibliothek
Die Deutsche Nationalbibliothek lists this publication in the Deutsche Nationalbibliografie; detailed bibliographic data are available in the Internet at http://dnb.d-nb.de.

Zweite, überarbeitete Auflage

∞

Gedruckt auf alterungsbeständigem, säurefreien Papier
Printed on acid-free paper

ISSN: 1865-3162

ISBN-13: 978-3-8382-0452-9

Printed in Germany

Vorwort

Der Klimawandel und der für diesen mitverantwortliche CO_2-Ausstoß im Straßenverkehr treiben – politisch moderiert – die Einführung neuer Technologien im Individualverkehrsbereich voran. Daneben verlangen Mobilitätsnutzer, getrieben durch ständig steigende Benzinpreise und die Abhängigkeit von ölfördernden Ländern, nach Alternativen – in welcher Form auch immer. Dies alles verursacht massive Umbrüche in der Automobilbranche: Der Verbrennungsmotor erhält Konkurrenz durch vielerlei emissionsärmere alternative Antriebe, insbesondere den Elektromotor. Der Austausch des Antriebs sowie des Energiespeichers stellt die Branche jedoch vor eine große Herausforderung und bedarf einer umfassenden Neuorientierung der beteiligten Unternehmen: Aus Verbrennungsmotor wird Elektromotor, aus Benzin werden Elektronen, aus der Stahl/Aluminium-Karosserie wird eine Kohle-/Glasfaserkarosserie, um nur einige Restrukturierungen und somit ehemaligen Kernkompetenzen der verschiedenen Automobilhersteller und insbesondere der Zulieferer zu nennen. Der Wandel der Automobilität strukturiert den Markt neu und eröffnet vielen Unternehmen die Möglichkeit, sich in der Wertschöpfungskette neu zu positionieren und neue Geschäftsmodelle aufzubauen. Chancen für neue Geschäftsmodelle lassen sich gerade im noch ungeformten Umfeld der Individualmobilität neu gestalten und bieten dem First Mover die Chance auf einen Erfolg versprechenden Marktanteil. Die Zieltechnologie Elektromobilität ist jedoch keine inkrementelle Verbesserung der Technologie, sondern kann vielmehr als radikale Innovation gesehen werden. Somit finden auch die klassischen Marketinginstrumente keine Anwendung. Vielmehr ist es erforderlich, beispielsweise durch verstärkte Segmentierung der Märkte und Identifizierung neuer Zielgruppen, der Technologie eine wirtschaftliche Chance zu geben. Die bisherige Performance der alternativen Antriebstechnologien, insbesondere der Elektromobilität, hat gezeigt, dass nicht zwingend alle Kundengruppen angesprochen werden können. Aktuell erfährt der Kunde den spürbar höheren Preis und die infrastrukturelle Hürde für das Tanken (z. B. Autogas) oder Laden (die Batterie des Elektrofahrzeuges). Die Beiträge dieses Sammelbandes analysieren rund um diese zwei Hauptprobleme Ansätze, diese durch geeignete Anreize und neue Geschäftsmodelle zu kompensieren.

Einleitend wird mit zwei kurzen Texten ein Überblick zur Elektromobilität und deren besonderen Herausforderungen gegeben. Ausgehend von dem politischen Treiber der CO_2-Reduzierung widmen sich die zwei Beiträge „Das Elektroauto bewegt die Zulieferindustrie“ und „Wo bleibt ein stimmiges Gesamtkonzept für den Zukunftsmarkt Mobilität?“ von *Carsten Rennhak* und *Holger Benad* der Fragestellung, wie ein Gesamtkonzept der künftigen Mobilität aussehen muss. Zudem wird insbesondere den Herausforderungen in der Zulieferindustrie Rechnung getragen. Nachfolgend analysiert der Beitrag „Neue Geschäftsmodelle und Ertragspotenziale alternativer Antriebstechnologien von morgen“ von *Clarissa Müller, Holger Benad* und *Carsten Rennhak* Möglichkeiten, die Antriebstechnologien mit Fokus auf Elektromobilität auf dem deutschen Markt durchzusetzen. Mithilfe von Experteninterviews werden die Geschäftsmodelle Mobilfunk, Batterieleasing und Carsharing einer genaueren Untersuchung unterzogen und ihre Vor- und Nachteile bewertet. Weiter gesteckte Ziele hat der Beitrag „Entwicklung eines elektromobilitätsbezogenen Benchmarks für die Elektromobilität“ von *Julia Opitz, Holger Benad* und *Carsten Rennhak*, der neben Deutschland auch Japan, China und die USA einer Benchmarkanalyse unterzieht. Ziel dieser Ausarbeitung ist die Identifikation des bisher fortschrittlichsten Landes und Fahrzeugherstellers in Bezug auf Elektromobilität. Ein ähnliches Vorgehen zeigt sich in der Ausarbeitung „Der Übergang zur Elektromobilität am Beispiel China“ von *Patrick Bieg, Holger Benad* und *Carsten Rennhak,* die sich zum Ziel gesetzt hat, alternative Antriebsformen innerhalb des Ländermarkts China zu untersuchen. Der Fokus dieses Beitrags liegt auf der Technologie Autogas.

Abschließend rundet der eher technologisch orientierte Beitrag den Band mit einem Einblick in einen entscheidenden Leuchtturm Infrastruktur der Nationalen Plattform Elektromobilität ab. „Elektromobilitätsbezogene Infrastruktur“ von *Peter Kleine-Möllhoff, Holger Benad, Marina Bruttel, Aron*

Leitmannstetter, Mourad Ouaid, Stefan Will und *Carsten Rennhak* untersucht Rahmenbedingungen und technische Gegebenheiten der Elektromobilität in Deutschland unter Einbeziehung der Ziele der Nationalen Plattform Elektromobilität bis zum Jahre 2020.

Ich möchte dieses Vorwort nicht schließen, ohne meinen Dank all denjenigen auszusprechen, die durch ihre Beiträge die vorliegende Aufsatzsammlung erst möglich gemacht haben. Dieser Dank gilt den Autorinnen und Autoren ebenso wie dem Reutlingen Research Institut für die großzügige finanzielle Unterstützung der dem Band zugrunde liegenden Forschungsarbeiten. Mein ganz besonderer Dank gilt Frau Monika Baer für die unermüdliche Überarbeitung des Manuskripts und die Erstellung des Layouts sowie Herrn Dr. Karlheinz Bozem für seine wertvollen Hinweise bei der Überarbeitung der ersten Auflage des Bandes, die schließlich zu dieser 2. Auflage geführt haben.

Carsten Rennhak

Inhalt

Carsten Rennhak/Holger Benad

Wo bleibt ein stimmiges Gesamtkonzept für den Zukunftsmarkt Mobilität? 1

Carsten Rennhak/Holger Benad

Das Elektroauto bewegt die Zulieferindustrie 5

Clarissa Müller/Holger Benad/Carsten Rennhak

Neue Geschäftsmodelle und Ertragspotenziale alternativer Antriebstechnologien von morgen 11

Julia Opitz/Holger Benad/Carsten Rennhak

Entwicklung eines elektromobilitätsbezogenen Benchmarks für die Elektromobilität 39

Patrick Bieg/Holger Benad/Carsten Rennhak

Der Übergang zur Elektromobilität am Beispiel China 79

Peter Kleine-Möllhoff/Holger Benad/Marina Bruttel/Aron Leitmannstetter/Mourad Ouaid/Stefan Will/Carsten Rennhak

Elektromobilitätsbezogene Infrastruktur 115

Autoren 165

Wo bleibt ein stimmiges Gesamtkonzept für den Zukunftsmarkt Mobilität?

Carsten Rennhak/Holger Benad

Elektromobilität ist schon heute eine der vielversprechendsten Alternativen zur konventionellen Antriebstechnologie. Gegenüber konventionellen Antrieben ergibt sich eine Reihe von Vorteilen: Dazu zählt zunächst die Verringerung der Fahrzeugemissionen – dies betrifft sowohl die umweltschädlichen Klimagase wie auch Geräuschemissionen. Emissionen werden gerade durch die zunehmende Verstädterung in allen Teilen der Welt, aber insbesondere in den neuen asiatischen Mega-Cities zu einem enormen Problem. Zudem lässt sich durch den Rückgriff auf einen breit diversifizierten Energie-Mix – anders als bei fossilen Energieträgern – eine langfristige Sicherheit der Energieversorgung gewährleisten. Darüber hinaus eröffnet die Elektromobilität interessante Optionen für intermodale Konzepte, in die Elektrofahrautos z. B. neben Bahn und ÖPNV und neuen Verkehrsmitteln wie beispielsweise Elektrorollern oder Pedelecs integriert werden können. Dies eröffnet gerade für nachwachsende Generationen, die weniger Wert auf den Besitz von Statussymbolen denn auf deren Nutzung legen (Stichwort: Share Economy), im Hinblick beispielsweise auf Carsharing-Konzepte neue Spielräume. Erste Anbieter offerieren bereits integrierte Mobilitätspakete, bei denen Kunden strecken- oder zeitabhängig Mobilitätsleistung anstelle eines eigenen Fahrzeugs erwerben können.

Innovative und kundenorientierte Geschäftsmodelle bieten bestehenden wie neuen Anbietern auf dem Zukunftsmarkt Mobilität erhebliche Differenzierungspotenziale und die Chance als Innovatoren Marktanteile zu erobern. Die deutschen Hersteller und ihre Zulieferer sind gefordert, ihre weltweit führende Position insbesondere gegenüber asiatischen Wettbewerbern zu verteidigen oder sogar auszubauen. Als deutscher Vorreiter in der Branche gilt BMW; das Unternehmen plant bereits Ende 2013 den Launch des Elektroautos i3 im Massenmarkt. Die anderen deutschen

Hersteller zeigen sich hier teilweise deutlich zurückhaltender. BMW-CEO Reithofer bemühte auf der Hauptversammlung im Mai 2013 sogar den Begriff der „German Angst", um die Bedenkenträger gegen die Elektromobilität zu kritisieren.[1]

Wie kommt es zu so unterschiedlichen – unter in der Mehrzahl zurückhaltenden – Einschätzungen des Zukunftsthemas Elektromobilität, wenn diese doch so klare Vorteile bietet? Einer wirklichen Massenmarkttauglichkeit steht noch eine ganze Reihe von Problemen entgegen. Kunden werden erst in großen Zahlen bereit sein, auf Elektrofahrzeuge umzusteigen, wenn diese denselben Komfort, dieselbe Fahrleistung, dieselbe Sicherheit zu einem zumindest annährend gleichen Preis bieten. Davon ist die Industrie heute noch ein ganzes Stück entfernt. Bislang ist keine der Anforderungen bezüglich Komfort, Fahrleistung, Sicherheit und Preis erfüllt. Dies liegt zunächst daran, dass keine ausreichend leistungsfähige, sichere und wirtschaftliche Batterietechnologie existiert. Zudem fehlt eine massenmarktfähige, leisungsfähige und ökonomisch gangbare Ladeinfrastruktur zur Sicherstellung der Energieversorgung der Fahrzeuge.

Wie können diese Lücken geschlossen werden? Notwendig wäre in der Tat ein akkordiertes Vorgehen von Unternehmen und Politik. Vertreter der Automobilindustrie haben ebenso wie die politische Entscheidungsebene erklärt, Deutschland zu einem Leitmarkt im Bereich der Elektromobilität zu machen. Als Ziel wurden allenthalben eine Million Elektroautos aus deutscher Produktion bis zum Jahr 2020 genannt.[2] Der aktuelle Bestand an Elektrofahrzeugen in Deutschland mit weniger als 5000 Fahrzeugen[3] mutet dazu im Vergleich geradezu lächerlich an. Woran liegt das? Den vollmundigen Ankündigungen sind bis dato in nur sehr überschaubarem Umfang und wenig systematisch Taten gefolgt. Laut *Goppelt* (2012) ist die Förderstrategie in Deutschland „bereits im Ansatz ... falsch und kontraproduktiv". Gefördert werden Feldversuche im Pkw- und Wirtschaftsverkehr, F&E im Bereich des Recyclings von Batterien sowie die Untersuchung des ökologischen und ökonomischen Nutzens der

---

1 www.manager-magazin.de.

2 Vgl. Nationaler Entwicklungsplan Elektromobilität (www.bmvbs.de).

3 Vgl. Kraftfahrbundesamt (www.kba.de)

Elektromobilität. Gelder erhalten vor allem Großunternehmen. Fördermittel werden in erster Linie für Prestigeprojekte mit unklarem Nutzen eingesetzt. Das Bundesumweltministerium unterstützt die Vernetzung von Elektrofahrzeugen und Energiesystemen mittels moderner Informations- und Kommunikationstechnologie sowie die Anschaffung von Diesel-Hybrid-Bussen durch Kommunen.Der hochinnovative Mittelstand, aber auch der Endkunde werden kaum oder gar nicht gefördert.[4]

Die Bundesregierung war bereit fünf Milliarden Euro für die Abwrackprämie auszugeben. Im Zuge des Konjunkturpakets II wurden von Bundeswirtschaftsministerium, Bundesverkehrsministerium, Bundesumweltministerium, Bundesforschungsministerium und Bundeslandwirtschaftsministerium hingegen nur 500 Millionen Euro zur Förderung der Elektromobilität ausgeschrieben.[5] Wenn man dazu berücksichtigt, dass sich diese Fördergelder wiederum auf 15 verschiedene Themengebiete mit zahlreichen Projekten und Teilprojekten aufteilen und diese wiederum von den verschiedenen Projektträgern der unterschiedlichen Bundesministerien koordiniert werden, kann man sich vorstellen, wie gering die Fördersummen für die einzelnen Teilprojekte ausfallen (in acht Modellregionen beispielsweise wurden Projekte zu Themen wie Infrastrukturaufbau, Netzintegration, Markteinführung von Elektrofahrzeugen und Abrechnung des Stromverbrauchs angestoßen, in die insgesamt 115 Millionen Euro fließen; dabei werden über 190 Einzelprojekte unterstützt – im Schnitt liegt die Fördersumme pro Projekt also nur bei knapp über 605.000 Euro) und welcher administrative und koordinative Aufwand in der Abstimmung von und mit fünf Bundesministerien entsteht.

Während Länder wie die USA, China, Korea, Frankreich und England mit enormen Summen Elektromobilität gefördert wird, konzentriert sich die deutsche Politik und Industrie auf Miniaturprojekte, was dazu führen wird, dass die Zahl der in Deutschland produzierten Elektroautos (und der entsprechenden Komponenten) deutlich hinter den angekündigten Zahlen

---

4 *Goppelt* (2012).

5 *Haushaltsausschuss* (2009).

zurück bleiben wird. Dies wird wiederum dazu führen, dass die angestrebten Effizienzgewinne aus- und die Preise deshalb hoch bleiben werden. Experten sehen die geplante Zahl von einer Millionen Elektrofahrzeugen bereits als unrealistisch an und fordern steuerliche Vorteile für die Umstellung von Dienstwagen- oder Carsharing-Flotten.[6]

Mehr noch als eine Diskussion um staatliche Fördermechanismen, Förderhöhen und Subventionen (die aufgrund der aktuellen Finanz- und Wirtschaftskrise auch in Deutschland ohnehin nur kurzfristig zur Verfügung stehen dürften) ist die Etablierung eines selbsttragenden Geschäftsmodells kritisch, um den Markt für Elektromobilität zum Durchbruch zu verhelfen. Erfolgskritisch wird dabei die Sicherstellung einer Win-Win-Win-Situation für Automobilindustrie (inkl. aktueller und künftiger Zulieferindustrie), Stromversorger und Verbraucher sein. Forschung und Praxis sind gefordert, hieran zu arbeiten – ohne ein stimmiges Gesamtkonzept für den Zukunftsmarkt Mobilität droht Deutschland ansonsten den Anschluss zu verlieren.

Literaturverzeichnis

Goppelt, G. (2012): Die DUH kritisiert die Förderung der Elektromobilität als Budenzauber. In: heise online vom 12.5.2012.

Haushaltsausschuss (2012): Bericht Haushaltsausschuss zum Konjunkturpaket II (www. Foerderinfo.bund.de)

Seiwert, M. (2012): NPE – Nationale Planwirtschaft am Ende, wirtschaftswoche vom 20.6.2012.

6 *Seiwert* (2012).

Das Elektroauto bewegt die Zulieferindustrie

Carsten Rennhak/Holger Benad

75 Prozent der Wertschöpfung eines in Deutschland hergestellten Fahrzeugs tragen die Zulieferer bei. Die starke Downstream-Orientierung der Original Equipment Manufacturer (OEM) erscheint kaum reversibel: Zulieferer übernehmen auch immer mehr immaterielle Wertschöpfung wie Supply Chain Management oder Forschung und Entwicklung (F&E).[7]

Das Aufkommen alternativer Antriebsoptionen, wie z. B. die Elektrifizierung von Fahrzeugen bedingt nicht nur einen dramatischen Wandel in der Fahrzeugtechnologie (Komponenten, Systeme, Module), sondern in der gesamten Industrie, von dem insbesondere die Zulieferer betroffen sein werden. *Bozem et al.* (2012a) gehen davon aus, dass die OEMs in den kommenden fünfzehn bis zwanzig Jahren sparsame Otto- und Dieselantriebe und gleichzeitig Erdgas-, Biokraftstoffantriebe, reine Batteriemotoren und Hybridantriebe anbieten müssen. Die Zulieferer können also bei F&E aufgrund des breiten Portfolios von Antriebsvarianten, das anzubieten ist, keinerlei Einsparpotenziale realisieren – im Gegenteil: um künftig erfolgreich zu sein, müssen sie genau analysieren, in welche Technologien sie investieren und wo sie mit Herstellern oder Wettbewerbern kooperieren wollen.[8]

Für Deutschland sehen *Bozem et al.* (2012a) folgendes Szenario: Konventionelle Antriebe werden kurz- und mittelfristig weiter dominieren. Sie werden fortlaufend optimiert. Die Wertschöpfung bei einzelnen mechanischen Komponenten wie z. B. Getriebe und Turbolader profitiert dabei von der – mit den steigenden Anforderungen – wachsenden Komplexität. Dies zeigt sich teilweise schon: F&E-Tätigkeitsschwerpunkte liegen heute bereits auf den Themenfeldern Fahrzeuggewicht, Aerodynamik, Komponentenwiderstand und Elektrizitätsmanagement. Vollelektrische Antriebe

---

7 Vgl. *Rennhak* (2012).

8 Vgl. *Heigl/Rennhak* (2008, S. 21ff.)

für kurze Reichweiten und hybride Antriebe für längere Reichweiten sehen *Bozem et al.* (2012a) als Übergangstechnologien. Als Endgame sehen *Bozem et al.* (2012a) den Energiespeicher Wasserstoff (Brennstoffzellentechnik), dessen Gewinnung bisher noch unwirtschaftlich erscheint (vgl. Abbildung 1). Effektive Speicher im Fahrzeug müssen noch weiterentwickelt werden.

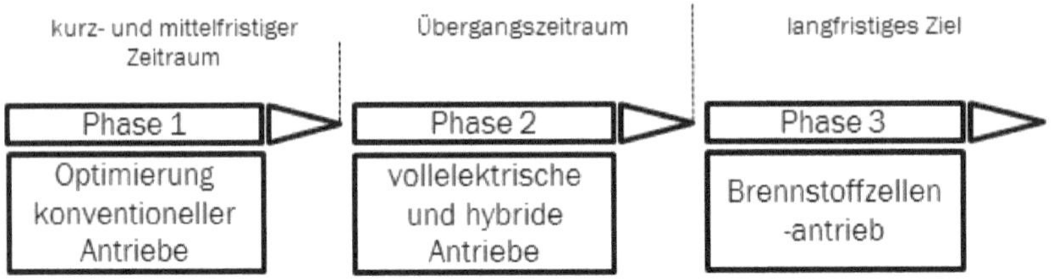

*Abbildung **1**: Phasen der alternativen Antriebe für Deutschland*

Ob und wie schnell die vorhergesagten Entwicklungen sich tatsächlich materialisieren, kann hier sicherlich nicht abschließend geklärt werden. Eine – wie stark auch immer ausgeprägte – Elektrifizierung des Antriebsstrangs wird aber so oder so dafür sorgen, dass die Branche gehörig durcheinandergewürfelt wird. [9] Dies lässt sich bereits an den Stücklisten ablesen: Hat der Verbrennungsmotor etwa 1.400 Teile im Antriebsstrang, so kommt ein Elektroantrieb mit ca. 200 aus. Während z. B. Kolben, Getriebe und Auspuffanlagen beim Elektroantrieb nicht mehr benötigt werden, spielen andere Komponenten wie insbesondere Hochleistungsbatterien und – um deren Gewicht auszugleichen – Leichtbaukarosserien künftig die alles entscheidende Rolle. Entsprechend sehen sich Autozulieferer künftig mit neuen bisher branchenfremden Wettbewerbern wie BASF, Evonik oder SGL Carbon konfrontiert.[10]

Auf Seiten der OEMs hat sich im Bereich der vollelektrischen bzw. hybridgetriebenen Fahrzeuge noch kein dominantes Geschäftsmodell durchgesetzt. Die Branche testet heute vielmehr unterschiedliche Kooperationsmodelle: OEMs wie Daimler kaufen Batterien (bei Evonik) und Elekt-

---

[9] Vgl. *Bozem et al.* (2012a).

[10] Vgl. *Bozem et al.* (2012a).

romotoren (bei Bosch) zu; andere wie Volkswagen oder BMW kaufen zwar die Batterien (VW bei Sanyo, BMW bei Samsung-Bosch LiMotive), bauen aber den Elektromotor selbst. Es ist nicht unwahrscheinlich, dass die OEMs im Zuge der Elektrifizierung des Antriebsstrangs weitere Wertschöpfungsanteile an ihre Zulieferer abgeben werden. Heute führende Automobilzulieferer wie Bosch, Continental/Schaeffler oder ZF testen entsprechend eine Ausweitung ihrer Geschäftsmodelle. Dies zeigt auch das Beispiel des Elektrokonzerns Panasonic, der den Batteriehersteller Sanyo übernommen hat. In einem nächsten Schritt könnten bisherige Automobilzulieferer eventuell sogar zu Wettbewerbern ihrer heutigen Kunden werden. Es lässt sich zudem trefflich spekulieren, ob sich eventuell starke Brand Player wie Apple oder Sony, die heute bereits komplexe Zuliefernetzwerke steuern und die IT-, Telekommunikations- und Unterhaltungselektronikbranche mit ihren stilbildenden Designs revolutioniert haben, als Anbieter zukünftiger Mobilität betätigen und sich dabei z. B. erfahrener Entwicklungsdienstleister und – wie bei der Fertigung ihres bestehenden Produktportfolios – Contract Manufacturer bedienen.[11]

Autozulieferer sehen sich also mit einer ungeheuren Marktdynamik konfrontiert. Auch wenn die verschiedenen Zulieferer (Tier 1 anders als z. B. Tier 2 oder Tier 3) von den jeweiligen Entwicklungen unterschiedlich stark betroffen sind, ist aber klar, dass alle Spieler in der Branche betroffen sein werden und sich mit den Implikationen dieser Dynamik auf das eigene Geschäftsmodelle sowie Produkte, Systeme und Prozesse befassen müssen. Umso erstaunlicher mutet es an, dass sich die Zulieferer bis dato nicht ausreichend mit den Veränderungsphänomenen auseinandersetzen. Eine Studie von *Invensity* zeigt, dass sich nur jeder zweite Automobilzulieferer intensiv damit beschäftigt, welchen Einfluss der Wandel des Antriebs auf das eigene Geschäft haben wird.[12] Jeder vierte Zulieferer hat sich mit den entsprechenden Herausforderungen noch überhaupt nicht auseinandergesetzt, obwohl neben der bereits diskutierten Notwendigkeit zum Management der Technologieoptionen die Gestaltung eines professionellen Rohstoffmanagements und der Aufbau eines Mitarbeiterstamms

---

11 Vgl. *Bozem et al.* (2012b).

12 *Invensity* (2011).

mit neuem Kompetenzprofil über die nachhaltige Überlebensfähigkeit der Zulieferer entscheidet.

Zur Herstellung von Elektrofahrzeugen werden Rohstoffe benötigt, die heute bereits knapp sind: *McKinsey* (2011) prognostiziert, dass sich die Nachfrage nach Kupfer sich bis 2030 mehr als verzehnfachen, die nach seltenen Erden oder Lithium sich mehr als verhundertfachen wird. Auch der Zugang zu Kohlenstofffaserverbundwerkstoffen ist kritisch; kann doch mittels Leichtbau bei Karosserie, Exterieur und Interieur die Reichweite von Elektrofahrzeugen signifikant erhöht werden. *Erdmann/Behrendt* (2011) gehen davon aus, dass die Versorgung mit einer erheblichen Anzahl von Rohstoffen als „kritisch", teilweise sogar als „sehr kritisch" einzuschätzen ist. Zulieferer sind gezwungen zeitnah ein professionelles Rohstoffmanagement aufbauen, um den Zugang zu den kritischen Ressourcen sicherzustellen und/oder die zu erwartenden dramatischen Preissteigerungen abfedern zu können. Im Rahmen eines professionellen Rohstoffmanagements ist vor allem die Nutzung von recyceltem Material kritisch. Dies ist sowohl für OEMs als auch für alle Zulieferer (nicht nur für die Lieferanten der Antriebsbatterie) essenziell. Forschungsbedarf besteht sowohl im Bereich der Substitution besonders kritischer Materialien wie auch – seitens der einzelnen betroffenen Unternehmen sowie unternehmensübergreifend im Verbund – im Bereich effizienter Recyclingtechnologien.

Mit der Elektrifizierung des Antriebs verschiebt sich auch das benötigte Kompetenzprofil bei den Zulieferern weg von der Mechanik hin zur Mechemtronik. Neben der Mechanik werden vor allem Chemie und Elektronik kritische Kompetenzen im Humankapital der Zulieferer. Dies erfordert eine entsprechende Mitarbeiterqualifikation und Mitarbeiterqualifizierungsmaßnahmen. *McKinsey* (2011) schätzt, dass weltweit der Anteil der Mitarbeiter in der mechanischen Bearbeitung von 80 auf 60 Prozent sinken wird und allein in Europa 110.000 neue Fachkräfte in den Bereichen Chemie, Werkstofftechnik, Mikroelektronik, Elektrotechnik, Mechatronik und IT benötigt werden. Vor allem die eng verbundene Informations- und Kommunikationstechnologiebranche (IKT) erhält durch die Elektromobilität eine neue Spielwiese und neuen Herausforderungen, die weit über das Laden der Elektrofahrzeuge hinausgehen.[13] Es gilt die Schnittstellen zwischen den Bereichen abzustimmen und klar zu definieren. Smartphones können z. B. künftig bei Identifikation, Authentifizierung und Zahlung eine wichtige Rolle spielen oder werden gar als vollwertiges Bordinstrument komplett in das Fahrzeug integriert. Dies führt mit den (oben genannten) sich bereits abzeichnenden oder zumindest mittel- bis langfristig denkbaren Entwicklungen zu einem klaren Konvergenztrend und einer Aufweichung der vormals bestehenden traditionellen Branchengrenzen sowie einer Neudefinition der Rolle der beteiligten Player.

Zulieferer sind gezwungen, sich die erforderlichen neuen Kompetenzen in Mechemtronik, Werkstofftechnik, Mikroelektronik/Elektrotechnik und IKT zu erschließen und ihre Positionierung in der automobilen Wertschöpfungskette neu zu definieren. Dazu müssen sie zunächst ihr Produktportfolio bereinigen und auf die in Elektrofahrzeugen benötigten Komponenten umstellen, denn die Reduktion des Antriebsstrangs von 1.400 Teilen im konventionellen auf ca. 200 im Elektrofahrzeug entwertet viele traditionelle Komponenten bzw. macht sie gänzlich überflüssig. Die limitierte Bereitschaft der Automobilkunden für ein Elektrofahrzeug wesentlich mehr zu bezahlen als für ein konventionelles Fahrzeug führt – bei noch sehr geringen Stückzahlen und hohen F&E-Investitionen in die innovative Technik – zudem zu enormem Kostensenkungsdruck.

Literaturverzeichnis

BMWi (2011): IKT für Elektromobilität, August 2011.

Bozem, K./Nagl, A./Haubrock, A./Rath, V./Schnaiter, J./Rennhak, C./Benad, H. (2012a): Elektromobilität: Politische Zielsetzungen und relevante Geschätsmodelle, horizonte 40, September 2012, S. 11-15.

Bozem, K./Nagl, A./Haubrock, A./Rath, V./Schnaiter, J./Rennhak, C./Benad, H. (2012b): Energy for future Mobility: Alternative Antriebstechnologien im Spannungsfeld von Marktanforderungen und technischer Machbarkeit, horizonte 39, März 2012, S. 63-66.

Erdmann, L./Behrendt, S. (2011): Kritische Rohstoffe für Deutschland.

Heigl, K./Rennhak, C. (2008): Zukünftige Wettbewerbsstrategien für Automobilzulieferer – Chancen und Risiken der dritten Revolution in der Automobilindustrie. In:

13 *BMWi* (2011).

Rennhak, C. (Hrsg.): Reutlinger Schriften zu Marketing & Management, Band 3, Ibidem, 2008.

Invensity (2011): Elektromobilität – Status Quo der Zulieferer.

McKinsey & Company (2011): 110.000 Jobs bis 2030: Elektroautos schaffen Wachstum und Beschäftigung in Europa, Pressemitteilung 05. Januar 2011.

Rennhak, C. (2012): Das Elektroauto bewegt die Zulieferindustrie. In: Top Career Guide Automotive, 8. Jahrgang, S. 34-36.

Neue Geschäftsmodelle und Ertragspotenziale alternativer Antriebstechnologien von morgen

Clarissa Müller/Holger Benad/Carsten Rennhak

Seit Beginn der Industrialisierung Ende des 18. Jahrhunderts hat sich das Leben der Menschen in der westlichen Welt erheblich verändert. Durch das Aufkommen von Massenproduktion, Transport, Energieerzeugung oder auch vermehrter Landwirtschaft stieg die Menge an ausgestoßenem Kohlenstoffdioxid (CO_2) um 30 Prozent. Der Anstieg der Durchschnittstemperaturen an der Erdoberfläche über die letzten 150 Jahre liegt bei 0,6°C, was Naturkatastrophen wie extreme Dürren und Fluten zur Folge hat.[1]

Um den Klimawandel und seine Folgen zu stoppen, müssen grundlegende Veränderungen im Verhalten der Menschen stattfinden. Der Verkehrssektor, der in Deutschland allein 17 Prozent des Gesamtausstoßes an klimaschädlichem CO_2 verursacht, ist dabei ein wichtiger Ansatzpunkt für eine Reduktion der Emissionen.[2] Bereits jetzt ist eine Revolutionierung des Personenverkehrs, die neue Verkehrskonzepte und Antriebsoptionen mit sich bringt, im Gange. Sowohl die Automobilindustrie als auch die Energiewirtschaft müssen auf diese Entwicklungen reagieren und dabei Wege finden, ökologische und ökonomische Ziele gleichzeitig zu erreichen. Bevor jene Strategien der Industrien erforscht werden können, müssen die vorausgehenden Entwicklungen und die Regulierungssituation geklärt werden, welche den Wandel des Personenverkehrs in Deutschland möglich und notwendig machen.

Die Notwendigkeit der Entwicklung und großflächigen Einführung alternativ betriebener Fahrzeuge ist unbestritten; dennoch bleibt die Frage, wie die Zukunft der Mobilität konkret aussehen wird. Eine zeitnahe Umsetzung wird nur erfolgen, wenn die beteiligten Industrien – die Automobilin-

---

1 Vgl. *Lucht/Spangardt* (2005), S. 3ff.

2 Vgl. *Umweltbundesamt* (2011a).

dustrie mit ihren Zulieferern ebenso wie die Energiewirtschaft – die Möglichkeit haben, profitable Geschäftsmodelle zu entwickeln und umzusetzen. Anderenfalls bleibt lediglich die massive und dauerhafte Subventionierung durch die öffentliche Hand. Letzteres scheint aber aufgrund der andauernden Finanz- und Schuldenkrise wenig wahrscheinlich, zumal die Politik aus ihren Fehlern z. B. bei der massiven Subventionierung der Solarindustrie in Deutschland zusehends lernt.

Der vorliegende Beitrag stellt zunächst die einzelnen Antriebsoptionen *Elektroantrieb*, *Brennstoffzelle*, *Hybrid* und *Erdgas* vor und bewertet diese kurz. Anschließend erfolgt eine Fokussierung auf die Option Elektromobilität und Deutschland als Markt. Danach erfolgt eine erste Entwicklung alternativer Geschäftsmodelle für Automobilindustrie und Energiewirtschaft im Bereich der Elektromobilität. Eine Bewertung dieser Geschäftsmodelloptionen kann zum gegenwärtigen Zeitpunkt noch nicht vorgenommen werden.

Treiber des Mobilitätsmarktes von morgen

Die Antriebskräfte, die für Dynamik im Mobilitätsmarkt sorgen, lassen sich allgemein in *Wirtschaftliche Faktoren*, *Demografischer Wandel und Urbanisierung*, *Veränderte Wahrnehmung* sowie die *Regulierungssituation* der Politik untergliedern.

Die starke Abhängigkeit des Verkehrssektors vom fossilen Rohstoff Erdöl, dessen bekannte und wirtschaftlich förderbaren Reserven die Weltwirtschaft bis ins Jahr 2030 und darüber hinaus versorgen können, führt zu immer höher werdenden Preisen. Zum Faktor der Knappheit kommen außerdem die Unterlassung notwendiger Investitionen in Raffinerie- und Förderkapazitäten sowie steigende Explorationskosten, die den Preis für Erdöl ansteigen lassen.[3] Die steigende Nachfrage an Erdöl wird dabei von Nicht-Mitgliedern der OECD bestimmt: Es wird vorhergesagt, dass die täglich nachgefragt Menge Erdöl, die im Jahr 2009 bei 15 Millionen Barrel (mb) lag, im Jahr 2035 bei 99 mb liegen wird. Die Hälfte der gesamten

---

3 Vgl. *Weyerstrass et al.* (2011), S. 3.

Nachfrage kommt dabei aus China.[4] Die Schwankungen, denen der Rohölpreis unterliegt, werden direkt an die Verbraucher weitergegeben.

Einen weiteren bedeutsamen Einflussfaktor auf den zukünftigen Mobilitätsmarkt stellen Bevölkerungswachstum und Urbanisierung dar. Hohe Geburtenraten in Entwicklungsländern sowie höhere Lebenserwartungen in entwickelten Regionen aufgrund besserer Lebensverhältnisse sind Auslöser dieser Zunahme.[5] Bis zum Jahr 2050 soll die Bevölkerung der Erde auf 9 Milliarden Menschen ansteigen. Gleichzeitig wird die Zahl an Megacities der Welt auf bis zu 29 im Jahr 2050 anschwellen – 6,3 Milliarden Menschen werden in Städten leben.[6] Dieser Trend zur Urbanisierung hat eine Konzentration des Verkehrs auf Stadtgebiete zur Folge, wodurch mit dem Auto zurückgelegte Strecken kürzer werden. Dies wird zu hoher Verkehrsdichte, Mangel an Parkraum und erhöhter lokaler Schadstoffemission in jenen Ballungsräumen führen.[7] Vor allem in China, Brasilien oder Indien, die zurzeit einen Entwicklungsschub erleben, wird der Trend zur Urbansierung deutlich.[8] In Deutschland liegt der Anteil der in Städten lebenden Bevölkerung bereits bei über 60 Prozent, wobei vor allem in den neuen Bundesländern eine Landflucht zu beobachten ist.[9] Die Urbanisierung ist jedoch keinesfalls in jeder Hinsicht als ökologisch negativ zu bewerten. Durch die Verkürzung der zurückzulegenden Strecken, beispielsweise zum Arbeitsplatz oder zu Einkaufsstätten, ergeben sich neue Chancen für alternative Mobilitätskonzepte, insbesondere da alternative Mobilitätskonzepte (namentlich die Elektromobilität) heute noch durch geringe Reichweiten gekennzeichnet sind.

Ein weiterer Trend, der der Entwicklung alternativer Antriebskräfte entgegenkommt, ist eine veränderte Wahrnehmung des Automobils durch die Verbraucher. Besonders junge Fahrer sehen ein Fahrzeug nicht mehr als Statussymbol oder Prestigeobjekt, sondern bewerten es stattdessen unter

---

4 Vgl. International Energy Agency (2010), S. 2.

5 Vgl. *Pleus* (2011), S. 25f.

6 Vgl. *Hanselka/Jöckel* (2010), S. 22.

7 Vgl. *Spath* (2010a), S. 12.

8 Vgl. *Canzler* (2010), S. 41f.

9 Vgl. *Spath* (2010b), S. 15.

einem weitaus praktischeren Blickwinkel.[10] Bei Fahrzeugen basierend auf alternativen Antriebskräften sind vor allem Leichtbauweisen und Downsizing essenziell, um Leistungen und Reichweiten vergleichbar mit benzinbetriebenen Fahrzeugen zu erreichen. Bei reinen Elektrofahrzeugen entfällt außerdem das Motorengeräusch gänzlich, woran sich so manch leidenschaftlicher Autofahrer erst gewöhnen muss. Die beschriebene Entwicklung in der Wahrnehmung junger Menschen – weg vom Statussymbol hin zum sparsamen Kleinwagen – ist von großer Bedeutung für den Erfolg alternativer Antriebskräfte. Die öffentliche Debatte zu ökologischen Themen, wie z. B. die Diskussion um den Atomausstieg, lassen in der Bevölkerung ein neues Bewusstsein heranwachsen,[11] das der Durchsetzung alternativer Antriebsoptionen vermutlich sehr entgegenkommen wird. Laut einer Studie von *J.D. Power and Associates* unter 14- bis 29-Jährigen legt diese Zielgruppe Wert auf nachhaltige und umweltfreundliche Produkte, sofern die Nutzung durch Unternehmen einfach gemacht wird.[12] Hieraus wird ersichtlich, dass allen voran die Unternehmen die Macht über umweltfreundlichen Konsum besitzen.

Weitere wichtige Voraussetzung für die Durchsetzbarkeit alternativer Mobilitätssysteme sind politische Vorgaben, sowohl auf globaler und europäischer als auch auf nationaler Ebene. Die im *Intergovernmental Panel of Climate Change* vereinbarten weltweiten CO_2-Reduktionsziele von 25 bis 45 Prozent bis zum Jahr 2020 erfordern Maßnahmen der Bundesregierung und EU, welche im Folgenden knapp erläutert werden.[13]

Am 23. April 2009 wurde vom Europäischen Rat, Parlament und der Europäischen Kommission eine EU-weite Regulierung für Personenkraftfahrzeuge und leichte Nutzfahrzeuge beschlossen. Diese Richtlinie sieht vor, bis zum Jahr 2012 den durchschnittlichen CO_2-Ausstoß von Neuwagen stufenweise auf 120 g CO_2 pro gefahrenen Kilometer zu reduzieren. Ziel für das Jahr 2020 ist ein Grenzwert von 95 g CO_2 pro Kilometer.[14]

---

[10] Vgl. *Canzler* (2010), S. 43.

[11] Vgl. *Pedersen* (2011).

[12] Vgl. J.D. Power and Associates (2009).

[13] Vgl. *Peters et al.* (2010), S. 6.

[14] Vgl. *Peters et al.* (2010), S. 7.

Dabei werden bei Nichteinhaltung der Regelung Bußgelder für die Hersteller erhoben, die zwischen 2012 und 2018 je nach über der Grenze liegendem Gramm CO_2 zwischen 5 bis 95 Euro pro Gramm liegen. Die Regulierung für leichte Nutzfahrzeuge sieht bis 2020 einen Grenzwert von 135 g CO_2 pro Kilometer vor. Ebenfalls am 23. April 2009 wurde mit der Richtlinie des Europäischen Parlaments zur Förderung der Nutzung von Energie aus erneuerbaren Quellen beschlossen, den Anteil der Erneuerbaren Energien im Verkehrssektor bis 2020 auf 10 Prozent zu erhöhen.[15]

Mit der im Jahr 2004 entwickelten Kraftstoffstrategie der Bundesregierung wurde eine wichtige Grundlage für den zukünftigen Mix alternativer Antriebskräfte im Verkehrssektor geschaffen. Die wesentlichen Punkte der Kraftstoffstrategie sind die Verringerung der Abhängigkeit des Verkehrs vom Erdöl und der CO_2-Emmissionen, die Identifizierung zukunftsträchtiger Kraftstoffalternativen und ein entwickeltes Maßnahmenprogramm zur Förderung attraktiver Kraftstoffalternativen. Mithilfe von Kraftstoffmatrizen werden für die Jahre 2010 und 2020 Mengenpotenziale aller alternativen Kraftstoffarten angegeben.[16]

Der Nationale Entwicklungsplan Elektromobilität ist ein von der Bundesregierung im August 2009 verfasster Plan, um „die Forschung und Entwicklung, die Marktvorbereitung und die Markteinführung von batterieelektrisch betriebenen Fahrzeugen in Deutschland voranzubringen“[17] und bis zum Jahr 2020 eine Million Elektrofahrzeuge auf deutsche Straßen zu bringen. Im Rahmen des Konjunkturpakets II werden 500 Mio. Euro zur Realisierung zur Verfügung gestellt.[18] Die Bundesregierung will mit dem Nationalen Entwicklungsplan Elektromobilität zur Umsetzung der energie- und klimapolitischen Ziele beitragen, Deutschland zum Leitmarkt für Elektromobilität machen, Forschung und dadurch gleichzeitig Innovationen fördern, den Verbrauch des Rohöls drastisch reduzieren und ein neues Bewusstsein in der Gesellschaft schaffen.[19]

---

15 Vgl. *Bozem/Rath* (2010), S. 12.

16 Vgl. *Bozem/Rath* (2010), S. 13f.

17 *Bundesregierung* (2009a), S. 2.

18 Vgl. *Bundesregierung* (2009a), S. 24.

19 Vgl. *Bundesregierung* (2009a), S. 17ff.

Alternative Antriebsoptionen

Zum aktuellen Zeitpunkt sind erste alternativbetriebene Fahrzeuge auf dem Markt, andere werden noch in kleineren Dimensionen produziert und getestet. Bis dato konnte noch kein Antriebskonzept als überlegen und somit als die am durchsetzungsfähigste Alternative identifiziert werden. Um zu verstehen, welche Ertragspotenziale und möglichen Geschäftsmodelle sich für die Automobilindustrie und Energiewirtschaft durch die Future Mobility entwickeln lassen, müssen vorerst die verschiedenen Antriebskonzepte für Kraftfahrzeuge verstanden sein.

Elektroantrieb

Grundsätzlich bedeutet Elektromobilität, dass ein Fahrzeug ausschließlich von einer Batterie angetrieben wird, die mit Strom aufgeladen werden muss. Bis vor wenigen Jahren wurden batteriebetriebene Fahrzeuge hauptsächlich für spezielle Anwendungsbereiche genutzt, wie z. B. als Flurförderzeug in Fabriken oder Carrier in Flughafengebäuden.[20] Inzwischen haben die meisten Automobilhersteller erste Modelle mit reinem Elektroantrieb entwickelt.

Als Batterie für die Elektrofahrzeuge (EVs) wird hauptsächlich eine Lithiumionenbatterie verwendet, da sie durch beispielsweise eine hohe Zellspannung von bis zu 4 Volt eine hohe Leistungs- und Energiedichte gewährleistet. Weiterhin besteht im Vergleich zu anderen Batteriearten – wie beispielsweise der Bleisäure- oder Nickel-Metallhybridbatterie – der Vorteil, dass aufgrund des Aufbaus der Elektroden eine höhere Zyklenzahl erreicht werden kann. Die Lithiumionenbatterie kann, abhängig vom gewählten Kathoden- und Anodenmaterial, je nach Bedarf mit hoher Energiedichte und geringerer Zyklenstabilität oder niedrigerer Energiedichte und hoher Zyklenstabilität ausgestattet werden.[21] Demnach können Lithiumionenbatterien je nach Leistungsbedarf für die verschiedenen EVs unterschiedlich gebaut werden.

---

20 Vgl. *Hanselka/Jöckel* (2010), S. 25.

21 Vgl. *Hrach/Cifrain* (2011), S. 18.

Argumente für die Elektromobilität sind hauptsächlich geringe CO_2-Emissionen (falls der Strom für das EV aus Erneuerbaren Energien hergestellt wird) sowie keinerlei lokale Emissionen.[22] Aktuell entstehen jedoch bei der Erzeugung des Stromes in Deutschland 563 Gramm pro Kilowattstunde (g/kWh) CO_2, wobei in diesen Zahlen ein Ausstieg aus der Atomkraft noch nicht berücksichtigt ist, der den CO_2-Ausstoß wieder erhöhen könnte.[23]

Auch bei der Zusammensetzung der Batterien lassen sich Vorteile gegenüber Verbrennungsmotoren erkennen. Obwohl auch das Metall Lithium, der essenzielle Bestandteil einer Batterie, wie Öl ein endlicher Rohstoff ist, der gefördert werden muss, so bestehen doch erhebliche Unterschiede: Lithium ist nicht der eigentliche Lieferant der Energie, sondern nur der Energieträger und kann nach Entladung wiederverwendet werden. So wird die geschätzte verfügbare Menge Lithium von ungefähr 6 Mio. Tonnen bei Vernachlässigung anderweitiger Verwendung für die Batterien von 3 Mrd. EVs ausreichen.[24] Entsprechend geht z. B. das *U.S. Department of Energy* davon aus, dass die Verfügbarkeit von Lithium bis zum Jahr 2050 gesichert ist – vorausgesetzt, alte Batterien werden recycelt.[25]

Nicht zu vernachlässigen ist die erforderliche Infrastruktur der alternativen Antriebskonzepte. Zwar sind Ladesäulen in Städten noch eine Seltenheit, jedoch betragen die Kosten zur Errichtung solch einer Säule lediglich bis zu 17.000 Euro, was im Vergleich zum Bau einer Erdgastankstelle mit Kosten von rund 300.000 Euro gering ist.[26] Weiterhin wird davon ausgegangen, dass das vorhandene Stromnetz für 1 Mio. Elektroautos in Deutschland ausreichend ist und nicht weiter ausgebaut werden muss.[27]

---

22 Besonders im Stadtverkehr haben EVs den Vorteil, keine Schadstoffpartikel abzugeben, und können dazu beitragen, die Luftqualität und die Gesundheit vieler Stadtbewohner erheblich zu verbessern. Auch die Lärmbelästigung durch mit Verbrennungsmotoren betriebene Fahrzeuge würde durch die Nutzung von EVs geringer werden und diese so zu einer besseren Lebensqualität beitragen.

23 Vgl. *Umweltbundesamt* (2011b), S. 1.

24 Vgl. *Sauer* (2009), S. 7f.

25 Vgl. *Vakrat Wolkin* (2009).

26 Vgl. *Bozem/Rath* (2010), S. 22.

27 Vgl. *Bullinger* (2011), S. 16.

Elektroautos könnten in Zukunft möglicherweise als Zwischenspeicher für überschüssige Energie dienen.[28]

Ein häufig genanntes Manko der Elektromobilität ist die geringe Reichweite von ca. 100 bis 200 km pro Ladung.[29] In diesem Zusammenhang sind auch die Ladezeiten zu erwähnen, die die Mobilität des Nutzers stark beeinträchtigen können. Ein normaler Ladevorgang dauert zwischen 4 und 8 Stunden. Alternative Modelle sehen den Austausch der Batterie an Tankstellen vor, wobei hierfür eine relativ kostspielige Infrastruktur aufgebaut und einheitliche Normen durchgesetzt werden müssten.[30] Als womöglich größtes Problem der Elektromobilität sind jedoch die hohen Kosten der Batterien anzusehen. Wie von der Bundesregierung im Nationalen Entwicklungsplan Elektromobilität beschrieben, liegen die Kosten zwischen 1.000 und 1.200 Euro/kWh. Für ein typisches Elektroauto mit einer Batteriekapazität von 16 kWh lägen die Kosten der Batterie somit zwischen 16.000 und 22.400 Euro.[31] Weiterhin ergeben sich Probleme beim Laden und Entladen der Batterie bei tiefen Temperaturen. Im Falle der Entladung führen niedrige Temperaturen zu einem hohen Innenwiderstand und somit zu geringerer Leistung und Kapazität.[32]

---

28 Vgl. *Kilimann* (2011). So kann beispielsweise der Strom, der nachts durch Windkraftanlagen produziert wird, zum Laden der Autos verwendet werden. Das Prinzip des *vehicle to grid* (Fahrzeug zum Stromnetz), bei dem das Fahrzeug bei Bedarf die Energie wieder abgeben kann, ist noch nicht vollkommen ausgereift und hat außerdem aufgrund häufigerer Ladezyklen eine Verkürzung der Lebensdauer der Batterien zur Folge.

29 Vgl. *Spath* (2010a), S. 12f. Äußere Einflüsse wie Kälte, starke Steigungen oder auch das Verhalten des Fahrers, wie beispielsweise die Verwendung von Klimaanlagen, können die Reichweite zusätzlich verringern.

30 Vgl. *Better Place* (2011).

31 Vgl. *Bozem/Rath* (2010), S. 26f.

32 Durch das Beladen bei Temperaturen unter 0°C kann sich an der Elektrodenoberfläche Lithium absetzen, was einerseits zu einem Verlust an Lithium und andererseits durch die Bildung von Mikrokristallen zum Kurzschluss führen kann (vgl. *Hrach/Cifrain*, 2011, S. 19).

Brennstoffzelle

Obwohl die Technik bereits 1839 erfunden wurde, wartet die Brennstoffzelle noch immer auf ihren Durchbruch.[33] Die Problematik ergibt sich durch den Wasserstoff, dessen Produktion äußerst aufwendig und energieintensiv ist.

Der Brennstoffzelle liegt das Prinzip einer chemischen Reaktion aus Wasserstoff- und Sauerstoffmolekülen zugrunde, die sich zu Wasser verbinden und dabei Energie freigeben. In der Brennstoffzelle werden Wasserstoff und Sauerstoff durch eine protonendurchlässige Membran getrennt gehalten. Die Protonen der Wasserstoffatome gelangen durch die Membran, wobei die Elektronen von der Membran zurückgehalten werden. Dadurch entsteht auf der Seite des Wasserstoffs ein Überschuss an negativ geladenen Teilchen und auf der Seite des Sauerstoffs ein Überschuss an positiv geladenen Teilchen. Beim Verbinden der zwei Seiten entsteht aufgrund der unterschiedlichen Ladung eine elektrische Spannung.[34] Die Sauerstoff- und Wasserstoffteilchen verbinden sich zu Wasser, dem einzigen lokalen Nebenprodukt bei der Energieerzeugung durch die Brennstoffzelle. Um genügend Energie zu erhalten, werden die Komponenten zu sogenannten Stacks verschaltet.[35]

Der Kraftstoff eines brennstoffzellenbetriebenen Fahrzeugs ist somit Wasserstoff, das am häufigsten vorkommende Element auf der Erde. Das Problem ist, dass Wasserstoff leicht reagiert und darum kaum in ungebundener Form auftritt. Um Wasserstoff zu gewinnen, muss darum erst Energie aufgebracht werden, um ihn aus seiner Verbindung heraus zu spalten. Dies geschieht beispielsweise durch eine Elektrolyse, bei der durch die Zufuhr von Strom Wasser in Sauerstoff und Wasserstoff zerlegt wird. Der Wirkungsgrad beträgt hierbei zwischen 65 Prozent und 70 Prozent, was bedeutet, dass bei der anschließenden Energieerzeugung in

---

33 Vgl. *Geitmann/Keßler* (2006), S. 13.

34 Vgl. *Seyfried* (2007), S. 8f.

35 Vgl. *Wallentowitz et al.* (2009), S. 171.

der Brennstoffzelle ebenfalls nur 65 Prozent bis 70 Prozent der bei der Elektrolyse eingesetzten Energie wieder freigegeben werden kann.[36]

Die offensichtlichen Vorteile der Brennstoffzelle sind, wie auch beim Elektrofahrzeug, dass bei der Verwendung im Fahrzeug keine lokalen Emissionen und kein Lärm erzeugt werden. Dadurch, dass die Brennstoffzelle keine beweglichen Teile besitzt, erzeugt ein von ihr angetriebenes Fahrzeug kaum Geräusche.[37] Des Weiteren ist Wasserstoff in gebundener Form beinahe unendlich verfügbar, wodurch sich auch der Preis durch Skaleneffekte und verbesserte Technologien in der Herstellung reduzieren könnte.

Jedoch ist auch bei der Herstellung von Wasserstoff der Strommix von Bedeutung. Laut einer *dena*-Studie liegt der CO_2-Ausstoß wasserstoffbetriebener Fahrzeuge bei 174 g/km (Stand: Januar 2010). Verglichen mit durchschnittlich 164 g CO_2-Ausstoß benzinbetriebener Fahrzeuge pro gefahrenen Kilometer schneidet Wasserstoff deutlich schlechter ab.[38] Weiterhin stellt die Speicherung des Wasserstoffs ein Problem dar. Die Dichte des Wasserstoffs ist unter Normaldruck sehr gering, was im Fahrzeug zu einer niedrigen Energiedichte führt. Dies hat kürzere Reichweiten und häufiges Auftanken zur Folge. Als Alternative lässt sich der Wasserstoff komprimieren und unter Hochdruck speichern, jedoch geht dabei bereits 18 Prozent der im Wasserstoff gespeicherten Energie verloren.[39]

Die Daimler AG ließ Ende 2009 die brennstoffzellenbetriebene Mercedes-Benz B-Klasse F-Cell in Kleinserie produzieren. Die B-Klasse F-Cell verfügt über eine Reichweite von 400 Kilometern, wobei der Wasserstoff mit 700 bar im Tank gelagert wird.[40] Um nun eine ausreichende Infrastruktur für ihre Brennstoffzellen-Fahrzeuge zu erlangen, will Mercedes in Kooperation mit dem Gasversorger Linde 20 Wasserstofftankstellen in Deutschland errichten. Insgesamt liegt die bisherige Anzahl der Wasserstofftank-

---

36 Vgl. *Puls* (2006), S. 70ff.

37 Vgl. *Seyfried* (2007), S. 9.

38 Vgl. *Peters et al.* (2010), S. 10.

39 Vgl. *Puls* (2006), S. 72ff.

40 Vgl. *Daimler AG* (o.J.), S. 32.

stellen in Deutschland bei 30, was für eine Durchdringung des Marktes mit Brennstoffzellen-Fahrzeugen deutlich unzureichend ist.[41]

Hybrid

Als Hybrid bezeichnet man Fahrzeuge, die durch eine Kombination zweier Antriebssysteme betrieben werden. Typischerweise handelt es sich hierbei um Verbrennungs- und Elektromotoren, wobei Brennstoffzellen oder elektrochemische Kondensatoren ebenfalls möglich sind.

Hybridfahrzeuge mit Verbrennungsmotor bleiben folglich von fossilen Rohstoffen abhängig und sind daher eher Übergangs- als langfristige Lösung. Grundsätzlich lassen sich jene Hybridantriebe in Micro-, Mild-, Full- und Plug-In-Hybrid unterscheiden, wobei hierbei weiterhin in parallele, serielle und Mischhybride unterteilt werden kann. Bei der schwächsten Form des Hybrides, dem Micro-Hybrid, ermöglicht ein Elektromotor eine sogenannte Start-Stop-Automatik, wobei der Verbrennungsmotor an Ampeln oder bei Stau automatisch abgeschaltet und beim Wiederanfahren verzögerungslos wieder gestartet wird. Teilweise kann auch Bremsenergie zurück in die Batterie gespeist werden. Als Erweiterung des Micro-Hybrids gilt der Mild-Hybrid, wobei neben der Start-Stop-Automatik und der Rückführung der Energie in die Batterie auch eine zusätzliche Drehmomentunterstützung beim Anfahren und Beschleunigen geleistet werden kann. Full-Hybridfahrzeuge können sowohl allein durch den Elektromotor, allein durch den Verbrennungsmotor als auch durch eine Kombination der beiden Motoren betrieben werden. Dabei kann das hohe Drehmoment der Elektromotoren genutzt werden, um besonders gute Beschleunigungswerte zu erreichen.[42] Die möglichen Einsparungen im Verbrauch gegenüber einem reinen Verbrennungsmotor betragen beim Micro-Hybrid 8 Prozent, beim Mild-Hybrid 20 Prozent und beim Full-Hybrid bis zu 45 Prozent.[43] Der Plug-In-Hybrid unterscheidet sich von den bisher genannten Hybriden dadurch, dass die Batterie zusätzlich wie beim Elektroauto an

---

41 Vgl. *sueddeutsche.de* (2011).

42 Vgl. *Hofmann* (2010), S. 42.

43 Vgl. *Wallentowitz et al.* (2009), S. 166f.

der Steckdose aufgeladen werden kann. Hierbei ist der Hauptantrieb der Elektromotor, wobei durch einen Verbrennungsmotor – oder alternativ eine Brennstoffzelle – eine Vergrößerung der Reichweite erreicht werden kann.[44]

Für die Hybridfahrzeuge spricht die große Anzahl an Möglichkeiten, verschiedene Antriebsarten in Kombination miteinander einzusetzen und somit Fahrzeuge für unterschiedliche Bedürfnisse und Situationen zu schaffen. Weiterhin zielen Hybridfahrzeuge darauf ab, Lärm- und lokale Schadstoffemissionen zu vermeiden. Durch die Rekuperation bei Bremsvorgängen kann sich weiterhin die Batterie selbst neu aufladen.[45]

Betrachtet man die verschiedenen Hybridantriebe, so hat der Plug-In-Hybrid am ehesten die Chance auf einen Durchbruch im Massenmarkt. Zwar liegen 60 Prozent und 90 Prozent aller Pkw-Fahrten unter 50 km, dennoch wünschen sich Autokunden zumindest die Möglichkeit größerer Reichweiten. Bei Kurzstrecken sind umweltschonendes und geräuscharmes Fahren durch Verwendung des Elektroantriebes möglich – gleichzeitig sind Reichweiten wie bei einem traditionellen Verbrennungsmotor möglich. Problematisch sind aktuell noch die hohen Anschaffungskosten.[46]

Erdgas und Biomethan

In der Diskussion um den geeignetsten Kraftstoff- und Antriebsmix der Zukunft können auch Erdgas und Biomethan eine Rolle spielen.[47] Unternehmen wie E.ON Ruhrgas AG oder GAZPROM Germania GmbH setzen sich in der Initiative erdgas mobil e.V. für Erdgas und Biomethan als alternativen Kraftstoff ein.[48] Laut einer Studie der *Deutschen Energie-Agentur* besteht bei Erdgas das Potenzial, die CO_2-Emissionen auf bis zu 24 Prozent unter die eines Benziners zu senken, wobei diese Betrachtung Well-

---

44 Vgl. *Hofmann* (2010), S. 46f.

45 Vgl. o.*V.* (2011a).

46 Vgl. *Schürmann et al.* (2009), S. 6.

47 Vgl. *Rennhak* (2011), S. 48.

48 Vgl. erdgas mobil e.V. (2011).

to-Wheel ist, d. h. die gesamte Wertschöpfungskette umfasst.[49] Grundsätzlich muss Erdgas, um es in einem Fahrzeug als Kraftstoff verwenden zu können, erst einmal aufbereitet werden, da der Energiegehalt im Normalzustand eine zu geringe Energiedichte aufweist. Hierbei gibt es zwei Möglichkeiten: Zum einen kann das Gas unter hohem Druck im Fahrzeug gespeichert werden. Zum anderen kann es durch ein chemisches Verfahren in Flüssiggas umgewandelt werden.[50] Bei der Umwandlung des Gases in Flüssiggas (Gas to Liquid) werden laut einer von *PricewaterhouseCoopers* durchgeführten Studie 15 Prozent mehr CO_2-Emissionen frei als bei der Herstellung von Diesel.[51] Probleme ergeben sich beim Transport des Gases, das auch hierfür erst aufwendig aufbereitet und anschließend über große Entfernungen transportiert werden muss.

Bisher sind Erdgasfahrzeuge in Deutschland eine absolute Ausnahme.[52] Der geringe Anteil an Erdgasfahrzeugen lässt sich unter anderem auch auf das schlechte Image des Treibstoffs Erdgas in Deutschland zurückführen. Erdgas wird als „fossiler und damit endlicher Rohstoff mit zudem hoher Importabhängigkeit von politisch fragwürdigen Regionen wahrgenommen".[53] Durch die Beimischung von Biomethan können nicht nur die CO_2-Emissionen der Fahrzeuge verbessert, sondern auch ein Beitrag zur Versorgungssicherheit geleistet werden.

Implikationen der Elektromobilität für die beteiligten Industrien

Die Elektrifizierung des Automobils hat signifikante Auswirkungen auf die beteiligten Industriepartner, namentlich die Automobil- und die Energiewirtschaft. In der Automobilindustrie werden beispielsweise zahlreiche Bauteile überflüssig, während neue Komponenten wie die Lithiumionen-

---

49 Vgl. *Peters et al.* (2010), S. 6.

50 Vgl. *Puls* (2006), S. 31ff.

51 Vgl. *Puls* (2006), S. 40.

52 0,2 % der Fahrzeuge im Jahr 2009 waren Erdgasfahrzeuge und Erdgas machte 0,3 % des Kraftstoffverbrauches in Fahrzeugen aus. In absoluten Zahlen bedeutet dies, dass nur 85.000 der 50 Millionen gemeldeten Fahrzeuge in Deutschland mit Erdgas betrieben werden (vgl. *Peters et al.*, 2010, S. 6ff.).

53 *Bozem/Rath* (2010), S. 33.

batterie strategische Bedeutung erlangen. Besonders die asiatischen Wettbewerber werden zu einer Herausforderung für die deutsche Industrie werden.[54] Die Automobilhersteller müssen deshalb einige grundlegende Entscheidungen bezüglich der Verteilung ihrer Ressourcen treffen. Die deutschen Automobilhersteller haben die Möglichkeit, ihren technischen Vorsprung in Antriebskonzepten mit fossilen Rohstoffen weiter auszubauen und den Verbrauch der Fahrzeuge evolutionär weiter zu reduzieren, womit kurzfristig sicher attraktive Marktchancen genutzt werden könnten. Vernachlässigen sie darüber jedoch die Entwicklung alternativer Antriebskonzepte, so werden Produzenten, die ihre Ressourcen auf neue revolutionäre Konzepte konzentrieren, langfristig einen Wettbewerbsvorteil erlangen. Gleichzeitig ist die Marketingwirkung der Projekte zu alternativen Antriebskonzepten – auch im Markt für traditionelle Antriebe – nicht zu unterschätzen.[55] Durch die richtige Vermarktung der neuen Antriebstechnologien können außerdem Veränderungen in der Wahrnehmung der Kunden geschaffen werden. Während bisher hauptsächlich die Komforteinschränkungen der Elektroautos wie begrenzte Reichweiten und lange Ladezeiten in der Wahrnehmung der Kunden überwiegen, so können in Zukunft Differenzierungsmerkmale wie ein neues Fahrgefühl durch Elektroautos positiv kommuniziert werden. Auch der Trendfaktor muss durch die Automobilindustrie an die Kunden vermittelt werden, was beispielsweise durch den Einsatz von Testimonials oder das Sponsoring bestimmter Events erreicht werden kann.

Ebenso wie für die Automobilindustrie bestehen für die Energiewirtschaft Berührungspunkte zur Elektromobilität, die sich in Gründe *für* die Entwicklung – das *Wieso* – und Einflüsse *auf* die Entwicklung – das *Wie* – einteilen lassen. Zum einen werden die Energieversorgungsunternehmen (EVU) vom nationalen Wettbewerb dazu getrieben, sich im Feld der Elektromobilität frühzeitig zu etablieren. Weiterhin spielt der positive Imageeffekt durch das Engagement in Elektromobilität eine Rolle. Gleichzeitig liegt es in der Aufgabe der EVUs die Infrastruktur für beispielsweise die

---

54 Vgl. *Rennhak* (2011), S. 47.

55 Vgl. *Kudling* (2011).

Ladung und die allgemeine Stromverteilung zur Verfügung zu stellen und mit anderen Akteuren durch Kooperationen neue Konzepte zu entwickeln.

Ähnlich wie bei der Automobilindustrie hat das Engagement in alternative Antriebskonzepte positive Wirkungen auf die Wahrnehmung des Energieunternehmens durch die Kunden. Aktuelle Diskussionen um Atomausstiege und Erneuerbare Energien rücken die Energiekonzerne in den Fokus der öffentlichen Diskussion.[56] Durch Investitionen und Projekte in Elektromobilität unterstreichen die EVUs die Aspekte Nachhaltigkeit, Verantwortungsbewusstsein und Umweltbewusstsein.

Die Entwicklung der Ladeinfrastruktur ist ein Gebiet, das im Rahmen der Elektrifizierung des Automobils natürliche Aufgabe der Energielieferanten sein kann. Dies würde die Erschließung eines neuen Geschäftsfeldes bedeuten und somit neben dem Kerngeschäft eine weitere Ertragsmöglichkeit bieten. Bisher ist noch unklar, wie die Ladeinfrastruktur für EVs aussehen kann. Als Alternative zur Ladung könnte das Austauschen der Batterien in den Fahrzeugen an Batterietauschstationen – ähnlich wie das heutige Tanken an Tankstellen – stattfinden. Dies wird bereits im Rahmen eines Projekts namens Better Place in Israel im großen Stil durchgeführt.[57] Ob sich solch ein Konzept in Deutschland durchsetzen kann, ist fraglich, ebenso wie die Rolle der Energielieferanten dabei. Die befragten Experten gehen davon aus, dass ein hoher Grad an Standardisierung der Batterien in den EVs vonnöten ist; anderenfalls hätte dies zur Folge, dass jede Batteriewechselstation für alle passenden Modelle und Größen stets eine geladene Batterie zur Verfügung haben müsste, was enorme Kosten mit sich brächte.

Neben der bloßen Bereitstellung des Stromes können Energielieferanten zusätzliche Dienstleistungen anbieten: So könnten auch EVUs die Rolle der Fahrzeugbereitsteller übernehmen, wobei beispielsweise Stadtwerke EVs erwerben, die dann in Form von All-Inclusive-Mobilitätskonzepten von Großkunden in Flotten geleast werden.[58] Auch ein Batterieleasing

---

56 Vgl. *Pedersen* (2011).

57 Vgl. *Honsel* (2009), S. 35.

58 Vgl. *Bozem/Rath* (2010), S. 56.

wäre denkbar, bei dem Kunden ihr Fahrzeug ohne Batterie bei den Automobilkonzernen erwerben und die zugehörige Batterie beim eigenen Energielieferanten anmieten.

Auch die Abrechnung des Stroms muss von den EVUs übernommen werden. Dies ist vor allem im Zuge einer öffentlichen Ladeinfrastruktur, die für viele verschiedene Fahrer offen zugänglich ist, eine Herausforderung.

Mögliche zukünftige Geschäftsmodelle

Nachdem nun die Implikationen der Elektromobilität für Automobilindustrie und Energiewirtschaft erläutert wurden, bleibt die Problematik der Entwicklung eines umsetzbaren Geschäftsmodells. Mangelnde Ladeinfrastruktur, verhältnismäßig hohe Anschaffungskosten, eine empfundene Einschränkung der persönlichen Mobilität und die Unsicherheit gegenüber der Batterie als Energiespeicher behindern den Durchbruch der Elektromobilität. Solange die EVs kein „echtes Objekt der Begierde" für die Kunden darstellen, wird sich auch der Absatz der Fahrzeuge schwer gestalten.[59] Aus der Sicht eines EVUs lohnen sich große Investitionen in die Ladeinfrastruktur nur dann, wenn genügend Fahrer das Angebot der Ladesäulen nutzen und somit die Investitionskosten wieder einspielen. Für einen Automobilhersteller gestaltet es sich jedoch schwer, EVs in großer Menge zu verkaufen, so lange noch keine ausgereifte Ladeinfrastruktur bzw. einheitlichen Ladestandards vorhanden sind. Für die Lösung dieses Henne-Ei-Problems müssen demnach durchschlagende Geschäftsmodelle entwickelt werden, die vor allem Kooperationen von Automobilindustrie und Energiewirtschaft mit anderen Akteuren – aber auch untereinander – voraussetzen. Im Folgenden sollen deshalb mehrere Geschäftsmodelle erläutert und bewertet werden.

Um ein mögliches zukünftiges Geschäftsmodell der Elektromobilität für die Automobilindustrie und Energiewirtschaft zu entwickeln, ist es notwendig, die Zielgruppe richtig zu verstehen: Das urbane Leben steht in engem Zusammenhang mit einem modernen Lebensstil, insbesondere

---

59 *Rennhak* (2011), S. 48.

bei den jüngeren Generationen. Jener Lebensstil ist geprägt von elektronischen Geräten und Anwendungen, die das alltägliche Leben erleichtern sollen und den Nutzer stets und überall erreichbar sein lassen. Für den Anwender soll sich der Alltag dadurch möglichst einfach, übersichtlich und bequem gestalten lassen, damit beispielsweise mehr Zeit für Karriere, Familie oder auch Vergnügen zur Verfügung steht. Gleichzeitig ist es, insbesondere für junge Leute, nicht mehr so relevant wie einst, ein eigenes Fahrzeug zu besitzen. Der mit dem Besitz eines Fahrzeuges assoziierte Prestigegewinn findet so heute nicht mehr statt – stattdessen wird das Auto zum reinen Nutzobjekt für den Alltag.[60] Demzufolge sinkt die Bereitschaft, für den Erwerb eines Fahrzeuges große Mengen an Geld auszugeben. Trotzdem soll die Mobilität des Einzelnen nicht erheblich eingeschränkt sein. In Anbetracht der noch immer relativ hohen Anschaffungskosten eines EVs im Vergleich zu konventionell betriebenen Fahrzeugen und der Ungewissheit über die Preisentwicklung für Lithiumionenbatterien muss deshalb ein Konzept entwickelt werden, das nicht nur Vermögenden die Nutzung eines Elektrofahrzeugs ermöglicht.[61]

Geschäftsmodell Mobilfunk

Für die Entwicklung eines Geschäftsmodells kann es sinnvoll sein, einen Vergleich zu anderen Industrien zu ziehen und somit zu übernehmen, was sich in anderen Bereichen bereits durchgesetzt hat. In diesem Fall soll der Bezug zu vertragsbasierten Mobiltelefonen gemacht werden.[62] Der Kunde wendet sich beim Erwerb eines Mobilfunkgeräts direkt an den Netzbetreiber, der wiederum die Endgeräte von einem Hersteller bezieht. Meist werden bei Vertragsschluss die Freimenge an Telefonminuten, Textmitteilungen oder Datenvolumen festgelegt und an einen monatlichen Fixpreis gebunden. Dadurch kann sich der Kunde, der im Voraus die Nutzung seines Mobiltelefons einschätzen kann, auf einen monatlichen Betrag einstellen. Werden mehr als die frei verfügbaren Minuten verbraucht,

---

60 Vgl. *Canzler* (2010), S. 43.

61 Vgl. *Sauer* (2009), S. 7.

62 Vgl. *Comparado* (2011).

so können trotzdem weitere Anrufe zu ebenfalls im Vertrag festgelegten Bedingungen getätigt und zur monatlichen Rechnung addiert werden.

Das Konzept der Mobiltelefone lässt sich in gewisser Hinsicht auch auf die Elektromobilität übertragen. Dabei ist das Ziel, für den Kunden ein möglichst unkompliziertes und auf monatlicher Zahlung basierendes Programm zu entwickeln, von dem sowohl die Automobilhersteller als auch die Energielieferanten profitieren können. Die beiden Akteure müssen somit Kooperationen eingehen und dem Kunden gegenüber vereint auftreten. Die EVUs übernehmen bei der Elektromobilität eine ähnliche Rolle wie die Mobilfunkunternehmen im obigen Beispiel und sind die Kommunikationspartner der Kunden. Der Vorteil dabei ist, dass bereits gebundene Stromkunden von den Anbietern direkt angesprochen und ihnen Angebote unterbreitet werden können. Das Angebot besteht dabei aus einer Kombination von Leasingvertrag des EVs über eine festgelegte Laufzeit einschließlich der Versicherung sowie einer monatlichen Nutzungserlaubnis in Form von Kilometern. Der Kunde leistet eine einmalige Anzahlung für die Installation eines Ladeanschlusses zuhause und für das Fahrzeug sowie eine gleichbleibende Rate pro Monat. Weiterhin soll der Kunde die Möglichkeit haben, aus verschiedenen Fahrzeugen und Verträgen wählen zu können, wobei die Anzahl der monatlich gefahrenen Kilometer – genau wie bei den Freiminuten – an den Bedarf angepasst werden kann. Werden die verfügbaren Kilometer überschritten, so kann zu festgelegten Tages- und Nachttarifen weiterhin geladen werden. Die Umrechnung von kWh in gefahrene Kilometer muss im Vorfeld vom EVU vorgenommen werden, um dem Kunden den eigentlichen Nutzen besser zu verdeutlichen.

Die Ladung der EVs soll vorwiegend zuhause, am Arbeitsplatz, an Park&Ride-Parkplätzen und eventuell in öffentlichen Parkhäusern stattfinden. Eine Schnellladung an Tankstellen wird aufgrund des schnellen Verschleißes der Batterie und der benötigten Investitionen für die Ladesäulen in diesem Modell nicht in Betracht gezogen. Auch das Austauschen der Batterie, wie es im Rahmen des Projektes Better Place bereits getestet wird, wird von den befragten Experten als nicht zukunftsfähig angesehen. Demzufolge genügen Ladesäulen, die von den EVUs errichtet werden können. Um die Abrechnung mit dem vorgeschlagenen Konzept des

Stromabonnements zu vereinigen, könnten beispielsweise mit einem Chip versehene Karten an die Kunden ausgegeben werden, mit denen nach Eingabe eines Pins die Ladung erfolgt. Hierbei ist es essenziell, dass der Ladevorgang an Säulen jeglicher Hersteller und Betreiber gleichermaßen stattfinden kann, was wiederum Kooperationen zwischen den einzelnen EVUs voraussetzt. Für das Beladen an ‚fremden' Ladesäulen kann dann ein im Vertrag vereinbarter Kilometerpreis abgerechnet werden. Die Automobilhersteller übernehmen in diesem Geschäftsmodell gleich mehrere Rollen, wodurch eine breite Wertschöpfung im Gesamtprozess gewährleistet ist, was die teilweise Abgabe des Vertriebs an die EVUs für die Automobilhersteller akzeptabler macht. Dabei bleiben die Automobilhersteller bei ihrem Kerngeschäft und übernehmen vollständig die Entwicklung und Produktion der EVs, wobei große Teile der Wertschöpfung in den Händen der Zulieferer bleiben. Der Vertrieb kann dann über zwei Wege stattfinden; wie gewohnt über den Händler und in Kooperation mit den EVUs. Im Rahmen dieses Geschäftsmodells sollen die EVs in Form von Leasingverträgen an den Kunden gebracht werden. Der Leasingvertrag wird dem Kunden dabei kombiniert mit dem Vertrag zur Stromnutzung vorgelegt. Wichtig ist hierbei die Kommunikation eines Komplettpreises und dem daraus folgenden Nutzen. Zusätzlich zum Leasing können vom Automobilhersteller weitere Dienstleistungen angeboten werden. Ein Beispiel hierfür wäre die notwendige Versicherung, die über die hauseigene Bank abgeschlossen werden kann, was schon jetzt teilweise angeboten und genutzt wird.[63]

---

[63] Vgl. *Krust* (2011b), S. 1.

Geschäftsmodell Batterieleasing

Die Batterie ist die teuerste Einzelkomponente des EVs und erlebt gleichzeitig einen äußerst hohen Wertverlust in geringer Zeit; die Lebensdauer beträgt um die vier Jahre, was stark von der üblichen Lebensdauer eines Fahrzeuges von zehn Jahren abweicht.[64] Für die Bevölkerung, die an verbrennungsmotorbetriebenen Fahrzeugen durch jahrelanges Fahren gewöhnt ist, stellt die Umstellung auf batteriebetriebene Fahrzeuge daher einen großen Schritt dar. Die Ungewissheit über die neue Technik ist groß, und sicherlich wird auch die Skepsis gegenüber den Elektroantrieben noch lange vorhanden sein. Demzufolge wird auch die Bereitschaft, für die Batterie bis zu 22.400 Euro auszugeben, gering bleiben. Um als Automobilunternehmen EVs trotzdem erfolgreich absetzen zu können, ist ein Geschäftsmodell nötig, das dem Kunden die hohen Kosten und das Risiko des schnellen Verschleißes der Batterie nimmt. Als zweites Geschäftsmodell soll demnach der Fahrzeugverkauf in Kombination mit einem Batterieleasing vorgestellt werden.[65]

Für die Automobilhersteller bedeutet dieses Geschäftsmodell, sich weiterhin auf das Kerngeschäft zu konzentrieren. Dadurch, dass der Verkauf der Fahrzeuge ohne Batterien stattfinden soll, kann durch den relativ niedrigen Preis eine Vielfalt an Modellen gewährleistet werden und so Differenzierungsmerkmale der verschiedenen Automobilhersteller erhalten bleiben. Dem Kunden steht dadurch wie gewohnt eine Auswahl an Modellen verschiedener Größe, Design und Ausstattungen zur Verfügung; darauf soll im Rahmen dieses Geschäftsmodells auch der Fokus liegen. Bei den Kunden soll durch ausgefallenes und spannendes Design der Kaufwunsch geweckt werden, wie dies beispielsweise beim Prototypen Nissan Mixim des Unternehmens Nissan Motor Co., Ltd. gelungen ist; der Prototyp wurde mit Flügeltüren und drei zentral angeordneten Sitzen ausgestattet, wobei der mittige nach vorne versetzt wurde.[66]

---

64 Vgl. *Bundesregierung* (2009b), S. 5.

65 Vgl. *Bozem/Rath* (2010), S. 27.

66 Vgl. *Bethscheider-Kieser* (2008), S. 102.

Weiterhin kann der Vertrieb wie gewohnt über das meist dichte Händlernetzwerk stattfinden, wobei persönliche Beratung und Service von Bedeutung sind. Die Fahrzeuge werden dabei, wie bereits erwähnt, getrennt von der Batterie verkauft. So kann die Finanzierung der Fahrzeuge weiterhin über die hauseigene Bank stattfinden. Die Batterie jedoch wird, obgleich schon in das Fahrzeug eingebaut, getrennt finanziert. Vorteil dieses Modells ist, dass die Laufzeit des Batterieleasingvertrages unabhängig von der eigentlichen Nutzungsdauer des Fahrzeuges gewählt werden kann. Nach Ablauf des Vertrages wir dann die Batterie vom Automobilhersteller recycelt. Anschließend kann – falls das EV selbst noch gefahren werden soll – ein neuer Batterieleasingvertrag abgeschlossen werden.

In diesem Modell bleibt nur ein geringer Teil der Wertschöpfung in den Händen der EVUs. Da der Vertrieb der EVs hauptsächlich über das Händlernetz der Automobilhersteller stattfindet, müssen die EVUs ihre Erträge in anderen Bereichen erwirtschaften. Was bleibt, ist die Ladeinfrastruktur, die auch in diesem Konzept von den Energielieferanten aufgebaut werden muss. Der bisherige Kundenstamm kann demnach auch hier erweitert werden, indem günstige Angebote bezüglich des Stromtarifes und der Kosten einer hauseigenen Ladestation gemacht werden. Für die Abrechnung an öffentlichen Ladesäulen können durch erhöhte Tarife bei Nutzung von Nicht-Kunden zusätzliche Erträge erzielt werden.

Weiterhin ist auch an Kooperationen mit Kommunikationsunternehmen zu denken, die beispielsweise die Suche nach Ladesäulen bestimmter Anbieter einfach machen. Ein derartiges Konzept wird bereits von Google Maps in den USA getestet. Hierbei werden durch Eingabe der Wörter „ev charging station“ in die Suchmaschine alle umliegenden Ladestationen angezeigt.[67] Weiterhin können die Hersteller Anwendungen für internetfähige Mobiltelefone entwickeln, die dem Nutzer beispielsweise nur die eigenen Ladesäulen und nicht die der Konkurrenten anzeigen. Auch bei der Ladung zuhause können Mobiltelefone von Bedeutung werden, indem die Ladung mithilfe einer dafür erstellten Anwendung aus der Ferne gesteuert und überwacht werden kann.

---

67 Vgl. *Koller* (2011).

Geschäftsmodell Carsharing

Die Idee des Carsharing (CS) ist nicht neu und wird bereits von einigen Unternehmen, wie beispielsweise der Deutschen Bahn AG, realisiert.[68] Im Januar 2011 betrug laut des *Bundesverbands CarSharing* die Zahl der in Deutschland angemeldeten Nutzer rund 190.000, mit insgesamt 5.000 Fahrzeugen an 2.400 Stationen.[69] Bisher wird CS hauptsächlich mit herkömmlichen Fahrzeugen betrieben, wobei in einzelnen Fällen die Nutzung von EVs im CS getestet wird. So kann seit Februar 2011 beispielsweise der Mitsubishi i-MiEV im Rahmen des CS-Projekts cambio in Hamburg genutzt werden.[70] Besonders in großen Städten eignet sich CS gut, da zum einen meist ein gutes öffentliches Verkehrsnetz besteht, was die Notwendigkeit des Besitzes eines eigenen Fahrzeuges mindert. Weiterhin ist die Anzahl an Stellplätzen in Städten begrenzt. Als Folge der Urbanisierung leben und arbeiten die Menschen am selben Ort, weshalb Stadtbewohner im Durchschnitt nur zwischen 7.000 und 8.000 km pro Jahr zurücklegen. Bei einer solchen Nutzung lohnt sich die Anschaffung eines EVs für den Konsumenten nicht; trotzdem wird zu gelegentlichen Anlässen ein Fahrzeug benötigt. Dabei ergeben sich nach Auskunft der befragten Experten für den Kunden außerdem Pooling-Effekte, wobei je nach Bedarf ein Fahrzeug von bestimmter Größe, Leistung und Ausstattung gemietet werden kann. Weiterhin sind für den Kunden Vorteile durch die rasche Weiterentwicklung der Telekommunikationstechnologien zu erwarten. Durch Anwendungen für Smartphones kann zum Beispiel die Suche nach dem EV erleichtert werden. Der CS-Anbieter teilAuto in Leipzig hat bereits eine für das iPhone geeignete Anwendung entwickelt, die dem Nutzer mithilfe integrierter Stadtpläne den Ort des nächsten Fahrzeuges mitteilt.[71] Als nächsten Schritt könnte sich eine Reservierung der Fahrzeuge über das Mobiltelefon verwirklichen lassen.

Auch in diesem Geschäftsmodell ist die Ladung der EVs von großer Bedeutung und muss gut durchdacht sein. Eine Flotte von EVs mit halblee-

---

68 Vgl. *Diez* (2011).

69 Vgl. *DB AG* (2011).

70 Vgl. Elektroauto Portal (2010).

71 Vgl. *o. V.* (2011b).

ren bis leeren Batterien muss vermieden werden, um den Kunden in seiner Mobilität nicht weiterhin einzuschränken. Vorstellbar wäre im Rahmen dieses Geschäftsmodells die Ladung an nur für CS vorgesehenen Ladeplätzen durchzuführen, und diese Plätze gleichzeitig als Start- und Endpunkt der Nutzung durch den Kunden festzulegen.

Für die Automobilhersteller, die in diesem Modell die Bereitstellung der Fahrzeuge übernehmen, ergeben sich gleich mehrere Ertragspotenziale. Im Gegensatz zu bisherigen CS-Modellen werden in diesem Geschäftsmodell ausschließlich EVs verwendet. Das bringt für die Automobilhersteller den Vorteil mit sich, das CS umweltbewusst zu vermarkten, und verspricht dabei eine verstärkte Nutzung verglichen mit herkömmlichen CS. Auch die Tatsache, dass EVs noch wenig verbreitet sind und somit für die Bevölkerung als etwas Außergewöhnliches angesehen werden, kann die Nutzung erhöhen. Dabei werden Aspekte wie der Spaß am Fahren und die Geräuscharmut positiv wahrgenommen. Weiterhin ergeben sich nach Einschätzung der befragten Experten durch die hohe Auslastung der Fahrzeuge Kostenvorteile der EVs gegenüber benzinbetriebenen Fahrzeugen, was für die Umstellung auf EVs im CS spricht. Jedoch wird dieser Kostenvorteil nur erreicht, wenn im CS-Konzept eine hohe Zahl an Fahrzeugen zur Verfügung steht, um somit den Kunden die Wahl des passenden Fahrzeugtyps aus dem Pool zu ermöglichen.[72] Durch dieses Anbieten mehrerer Fahrzeugklassen und -modelle, mit unterschiedlichen Leistungen und Ausstattungen, behalten die Hersteller außerdem Differenzierungsmerkmale bei. Des Weiteren ist ein positiver Imageeffekt zu erwarten, der sich einerseits durch die starke Werbewirkung vieler einheitlich gestalteter EVs im Stadtbild ergibt und andererseits durch die Wahrnehmung der Bevölkerung des Automobilherstellers als nachhaltiges und umweltfreundliches Unternehmen entsteht. Hierbei entsteht eine neue Chance, die bei bisherigen Geschäftsmodellen noch nicht in dieser Art bestand: Durch das Nicht-Besitzen und nur kurzzeitiges Nutzen der Fahrzeuge durch die Kunden kann der Hersteller über das Exterieurdesign allein bestimmen und muss dabei weniger auf die Wünsche des Kunden als Individuum achten. Der Hersteller weiß am Ende genau, wie viele EVs

---

[72] Vgl. *Doll et al.* (2011), S. 28.

seiner Marke sich in der Stadt befinden werden und kann somit ein einheitliches Bild schaffen. Ausgefallene Farben oder sogar Kooperationen mit lokalen Künstlern, die dabei einzelne Fahrzeuge individuell gestalten, können die Begeisterung der Kunden steigern.

Die Abrechnung des CS-Services lässt sich in Form von Chipkarten, die auch gleichzeitig das Öffnen des Fahrzeuges ermöglichen, durchführen. Weiterhin kann eine einmalige Registrierungsgebühr verlangt oder aber der Service ohne Grundgebühren angeboten werden.

Die Aufgabe der Energieversorgungsunternehmen in diesem Geschäftsmodell ist darauf beschränkt, die Ladeinfrastruktur in Kooperation mit den Automobilherstellern zu errichten. Die hohen Investitionskosten, die durch die Errichtung der Ladesäulen entstehen, müssen dementsprechend durch Zahlungen des CS-Anbieters kompensiert werden. Die Errichtung von Ladestationen in den Privathaushalten der Kunden entfällt in diesem Modell. In der Kommunikation mit den Nutzern können das beteiligte EVU und der Automobilhersteller entweder deutlich als reine Kooperationspartner erkennbar sein oder dem Projekt einen eigenen Markennamen verleihen. Um in jedem Fall einen Werbeeffekt und demzufolge eine Imagesteigerung zu erreichen, muss das EVU als solches noch erkennbar sein. Eine Lösung hierzu könnte die Farbgestaltung der Ladesäulen in den Unternehmensfarben des EVUs darstellen, die bei dem Kunden Assoziationen zum Unternehmen wecken, ohne den Namen ausdrücklich genannt zu haben.

Fazit

Ziel des vorliegenden Beitrags war es, Geschäftsmodelle und Ertragspotenziale für die Automobilindustrie und Energiewirtschaft mit alternativen Antriebsoptionen für Pkw zu identifizieren. Offen bleibt die Bewertung und Priorisierung der aufgezeigten Alternativen. Neben all den Vorteilen, die die beschriebenen Geschäftsmodelle mit sich bringen, sind die Einschränkungen nicht zu verleugnen. So beziehen sich die Geschäftsmodelle Mobilfunk und Batterieleasing lediglich auf den Aspekt der Finanzierung, indem entweder der hohe Anschaffungsbetrag in monatliche Raten aufgeteilt und durch das Konzept der Freikilometer Übersicht geschaffen wird oder die Batterie in Raten gezahlt wird. Die Gesamtkosten des EVs und dessen Nutzen verringern sich im Vergleich zu herkömmlich betriebenen Fahrzeugen für den Kunden hierbei nicht. Aus rein ökonomischer Sicht – und ohne zusätzliche staatliche oder privatwirtschaftliche Anreizmechanismen – wird sich darum kaum ein Verbraucher für die Anschaffung eines EVs entscheiden. Allein die steigenden Treibstoffpreise stellen davon losgelöst einen zunehmenden Anreiz dar, auf EVs umzusteigen.

Das Geschäftsmodell des CS stellt nach Einschätzung der befragten Experten im Gegensatz zu den anderen hier vorgestellten Geschäftsmodellen ein Konzept dar, welches sich nicht nur auf die Finanzierung des Fahrzeuges bezieht. Das CS kann außerdem ideal mit öffentlichen Verkehrsmitteln verbunden werden und bietet eine optimale Auslastung der Fahrzeuge. Dennoch lohnt sich die Integration von EVs in bestehende CS-Programme nur bei einer großen Anzahl an verfügbaren Fahrzeugen im Pool, um dem Verbraucher die Auswahl verschiedener Fahrzeugtypen zu gewährleisten.

Literaturverzeichnis

Bethscheider-Kieser, U. (2008): Future Cars, avedition.

Better Place (2011): Batteries. www.betterplace.com.

Bozem, K./Rath, V. (2010): Mobilitätskonzepte der Zukunft. Positionierung von Energieunternehmen im Zukunftsmarkt „Mobilität“, bozem|consulting associates|munich.

Bullinger, H. (2011): Weichenstellungen für die Mobilität der Zukunft. In: *Eckelt Consultants GmbH* (Hrsg.): Top Career (2011): Guide Automotive, S. 16-19.

Bundesregierung (2009a): Nationaler Entwicklungsplan Elektromobilität der Bundesregierung, www.bmbf.de.

Bundesregierung (2009b): Ohne Energiespeicher keine Elektromobilität. In: Magazin für Wirtschaft und Finanzen, Heft 74, S. 5.

Canzler, W. (2010): Mobilitätskonzepte der Zukunft und Elektromobilität. In: *Spath, D.* (Hrsg.): Elektromobilität. Potenziale und wissenschaftlich-technische Herausforderungen, S. 39-61.

Comparado (2011): Unsere beliebtesten Produkte im Preisvergleich aus der Kategorie Smartphone ohne Vertrag, www.preis.de.

Daimler AG (o.J.): Der Weg zur emissionsfreien Mobilität, Daimler AG.

DB AG (2011): Carsharing der Bahn – Die intelligente Art der Autonutzung. www.dbcarsharing-buchung.de.

Diez, W. (2011): Nutzen statt besitzen – Megatrends in der Automobilbranche. In: *Eckelt Consultants GmbH* (Hrsg.): Top Career (2011): Guide Automotive 2011, S. 33-35.

Doll, C./Gutmann, M./Wietschel, M. (2011): Integration von Elektrofahrzeugen in Carsharing-Flotten – Simulation anhand realer Fahrprofile, Fraunhofer ISI.

Elektroauto Portal (2010): Mitsubishi i-MiEV als Mietwagen im Einsatz, www.elektroauto-nachrichten.de.

erdgas mobil e.V. (2011): Unsere Mitglieder, www.erdgas-mobil.de/ueber-uns/mitglieder.

Geitmann, S./Keßler, A. (2006): Wasserstoff-Autos. Was uns in Zukunft bewegt.

Hanselka, H./Jöckel, M. (2010): Elektromobilität – Elemente, Herausforderungen, Potenziale. In: *Spath, D.* (Hrsg.): Elektromobilität. Potenziale und wissenschaftlich-technische Herausforderungen, S. 21-38.

Hofmann, P. (2010): Hybridfahrzeuge – Ein alternatives Antriebskonzept für die Zukunft.

Honsel, G. (2009): Das Stromnetz kommt ins Rollen. In: *Technology Review*, S. 30-35.

Hrach, D./Cifrain, M. (2011): Batterietechnik- und management im Elektrofahrzeug. In: *e & i Elektrotechnik und Informationstechnik*, Jg. 128, H. 1, S. 16-21.

International Energy Agency (2010): World Energy Outlook 2010 Factsheet, www.worldenergyoutlook.org.

J.D. Power and Associates (2009): Generation Y Early Careerists Grapple with „Quarter-Life Crisis“ as the Foundering Economy Shapes Their Aspirations and Buying Patterns, Pressemitteilung vom 01.10.2009.

Kilimann, S. (2011): Kraftwerk auf Rädern – Elektroautos könnten nach dem Willen der Energiebranche künftig auch als dezentrale Zusatzspeicher dienen, Zeit online, Ausgabe 52, 05.01.2011.

Koller, P. (2011): Google Maps soll bei Suche nach Ladestation helfen, www.elektronikpraxis.vogel.de.

Krust, M. (2011b): Mercedes-Bank will Nutzermodelle finanzieren, www.automobilwoche.de.

Kudling, Marc (2011): Daimler schickt drei B-Klasse F-CELL auf Weltreise, www.wattgehtab.com.

Lucht, M./Spangardt, G. (2005): Emissionshandel.

o.V. (2011a): Das „halbe“ Elektroauto: schon heute sehr erfolgreich ist der Hybrid, www.elektroauto-fahren.com/hybrid.html.

o.V. (2011b): Schneller zum Leihauto: teilAuto bietet die erste iPhone-App fürs Carsharing an, www.l-iz.de.

Pedersen, B. (2011): Schwarz-Gelb will Atomausstieg bis 2022, www.stern.de vom 3.5.2011.

Peters, D./Rumpke, C./Saar, D./Braune, O. (2010): Erdgas und Biomethan im künftigen Kraftstoffmix. Handlungsbedarf und Lösungsansätze für eine beschleunigte Etablierung im Verkehr, Deutsche Energie-Agentur.

Pleus, P. (2011): Driven by the next generation. In: *Eckelt Consultants GmbH* (Hrsg.): Top Career (2011): Guide Automotive, S. 25-27.

Puls, T. (2006): Alternative Antriebe und Kraftstoffe – Was bewegt das Auto von morgen?

Rennhak, C. (2011): Wo bleibt ein stimmiges Gesamtkonzept für den Zukunftsmarkt Mobilität? In: *Eckelt Consultants GmbH* (Hrsg.): Top Career (2011): Guide Automotive, S. 46-48.

Sauer, D. (2009): Lithium-Ionen Batterien. In: *Sirch, O.* (Hrsg.): Elektrik/Elektronik in Hybrid- und Elektrofahrzeugen, S. 1-8.

Schürmann, G./Madlener, R./Hackbarth, A. (2009): Plug-in Hybridfahrzeuge: Marktentwicklung, Marktchancen und ökonomisch interessante Fragestellungen, Wien.

Seyfried, F. (2007): Null Emissionen möglich machen, Volkswagen AG.

Spath, D. (2010a): Elektromobilität. Potenziale und wissenschaftlich-technische Herausforderungen.

Spath, D. (2010b): Wie Deutschland zum Leitanbieter für Elektromobilität werden kann – Status Quo, Herausforderungen, Offene Fragen.

Sueddeutsche.de (2011): Mercedes will Wasserstofftankstellen bauen.

Umweltbundesamt (2011a): CO2-Emissionen nach Quellkategorien. www.umweltbundesamt-daten-zur-umwelt.de.

Umweltbundesamt (2011b): Entwicklung der spezifischen Kohlendioxid-Emissionen des deutschen Strommix 1990-2009 und erste Schätzung 2010 im Vergleich zum Stromverbrauch, www.umweltbundesamt.de.

Vakrat Wolkin, M. (2009): The truth about lithium: abundant and recyclable, betterplace.com.

Wallentowitz, H./Freialdenhoven, A./Olschewski, I. (2009): Strategien in der Automobilindustrie – Technologietrends und Marktentwicklungen.

Weyerstrass, K./Jaenicke, J./Schönpflug, K. (2011): Künftige Entwicklungen der Energiepreise, www.uni-erfurt.de.

Entwicklung eines elektromobilitätsbezogenen Benchmarks für die Elektromobilität

Julia Opitz/Holger Benad/Carsten Rennhak

1885 entwickelte Carl Benz das erste Automobil mit einem modernen Verbrennungsmotor.[1] Zu Beginn der Produktion war der Besitz eines Automobils nur Wohlhabenden vorbehalten. Jedes Auto war ein Einzelstück. Aus diesem Grund mussten für die Herstellung des Autos einzelne Komponenten mit der Hand angefertigt und an entsprechender Stelle verbaut werden.[2] 1903 revolutionierte Henry Ford diese Vorgehensweise entscheidend. Mittels Standardisierung und Quantität sollten die Produktionskosten für die Automobilherstellung gesenkt werden. Der Einsatz eines Fließbandes sollte die Fertigung zusätzlich simplifizieren. Dies gelang Ford mit dem Modell T, welches 1908 auf den Markt kam und von dem 15 Millionen Stück hergestellt wurden.[3]

Heute, 104 Jahre später, ist das Automobil aus dem täglichen Leben nicht mehr wegzudenken. Allein im Jahr 2010 betrug die Anzahl der Neuzulassungen von Pkws in Deutschland 300.200 Fahrzeuge.[4]

Dennoch wird die Nutzung des Autos unter den Gesichtspunkten des nachhaltigen Handelns diskutiert. Autofahren schädigt die Umwelt. Der Brennstoff, mit dem der Pkw betankt ist, wird verbrannt. Es entstehen neben Abgasen auch Reifenabrieb und Lärm, die der Umwelt schaden und Auswirkung auf den globalen Klimawandel haben.[5] Das *Intergovernmental Panel on Climate Change*, in dem Wissenschaftler aus der ganzen

---

1 Vgl. *Robert Bosch GmbH* (2005), S.10.

2 Vgl. *Zollondz* (2006), S. 68.

3 Vgl. *Zollondz* (2006), S. 68.

4 Vgl. *Becker* (2010), S. 117.

5 Vgl. *Böttcher/Sachse* (2008), S. 10.

Welt zusammenarbeiten, fand heraus, dass die Verbrennung fossiler Ressourcen maßgeblich zur globalen Klimaerwärmung beiträgt.[6]

Die Befunde führten zu Bemühungen, klimawirksame Stoffe zu reduzieren. Im Zuge der UN-Klimarahmenkonvention wurden 1997 mit dem Kyoto-Protokoll globale Richtlinien festgelegt.[7] Im Rahmen des Protokolls verpflichten sich die Industriestaaten, die Emissionen der sechs wichtigsten Treibhausgase im Zeitraum 2008 bis 2012 um 5,2 Prozent gegenüber dem Stand des Jahres 1990 zu reduzieren.[8] Insgesamt 184 Staaten haben das Protokoll ratifiziert, wobei sich die Länder zu unterschiedlich hohen Emissionsreduzierungen verpflichtet haben. Während Deutschland den Schadstoffausstoß um 21 Prozent senken möchte, erklärt sich Japan zu einer Reduzierung von 6 Prozent bereit.[9] Im Dezember 2009 tagte die 15. UN-Klimakonferenz in Kopenhagen, um über den Nachfolger des Kyoto-Protokolls zu verhandeln. Auf einen konkreten Nachfolger konnte sich nicht geeinigt werden. Dennoch stellten die EU-Länder ihre Perspektive dar. Demnach werden die EU-Länder die Treibhausgase bis 2020 um 30 Prozent senken.[10]

Diese Richtlinien haben einen Einfluss auf die Automobilindustrie und stellen diese vor neue Herausforderungen. Die neuen Anforderungen zwingen Automobilhersteller und -zulieferer sowie Mineral- und Ölkonzerne zum Umdenken. Der Fokus liegt hierbei auf alternativen Antriebstechnologien.[11]

Die europäischen Automobilhersteller befassen sich mit der Materie. Besonders das Thema Elektromobilität spielt hierbei eine übergeordnete Rolle. Dies spiegelte sich auf der Internationalen Automobilausstellung 2011 in Frankfurt wider. Eigens für die Elektromobilität wurde eine eigene

---

6 Vgl. *Helmers* (2009), S. 61.

7 Vgl. *Helmers* (2009), S. 62.

8 *Wüste* (2010), S. 3.

9 Vgl. *Wüste* (2010), S. 3.

10 Vgl. *Kuhn* (2010), S. 103.

11 Vgl. *Diehlmann/Häcker* (2010), S. 60.

Halle eröffnet, in der sowohl die Hersteller selbst als auch Automobilzulieferer und Forschungsinstitute vertreten waren.[12]

Dieser Beitrag beschäftigt sich mit den Positionierungs- und Vertriebsstrategien verschiedener Hersteller von Elektroautos. Ziel ist es, die Automobilhersteller bezüglich ihres Erfolges und die Ländermärkte hinsichtlich ihrer Vorbereitung auf die Einführung von Elektrofahrzeugen zu bewerten. Dabei soll in einem ersten Schritt das für die Entwicklung von Positionierungsstrategien erforderliche Innovationsmarketing elaboriert und abgegrenzt werden. In diesem Zusammenhang wird speziell auf die Bewertungsmethoden von Innovationen eingegangen. Darauf aufbauend sollen Kriterien der Elektromobilität, denen die Ländermärkte Rechnung tragen müssen, analysiert werden. Dabei werden die Förderungskonzepte einzelner Ländermärkte untersucht. Im Anschluss daran wird in Kooperation mit Experten ein Kriterienkatalog entwickelt. Bei den Experten handelt es sich um Personen, die im Bereich Mobilität tätig sind oder die direkt an der Einführung neuer Elektromobilitätskonzepte beteiligt sind.

Innovationsmarketing

Bevor auf die Innovation Elektromobilität eingegangen werden kann, sind verschiedene Begrifflichkeiten des Innovationsmarketings zu klären. Des Weiteren wird ein kurzer und prägnanter Überblick über seine theoretische Anwendung bzw. Einordnung in die Organisation sowie Nutzeneffekte gegeben. Ebenso wird auf Bewertungsmöglichkeiten von Innovationen eingegangen.

Innovationen und der Innovationsprozess

Grundsätzlich wird der Begriff Innovation aus den lateinischen Worten novus (neu) beziehungsweise innovatio (Erneuerung, Veränderung) abgeleitet und bedeutet Erneuerung, Neuheit und Neuerung.[13] Der wirtschaftswissenschaftliche Begriff ist von Schumpeters Definition geprägt. In sei-

---

12 Vgl. *Breitinger* (2011), o. S.

13 Vgl. *Hau* (2007), S. 328.

nen Ausführungen zur schöpferischen Zerstörung 1931 beschrieb er Innovationen als die grundlegenden Antriebskräfte des unternehmerischen Handelns.[14] Zu klären bleibt des Weiteren, wie Innovationen in Unternehmen entstehen und umgesetzt werden.

Dieses geschieht mithilfe des Innovationsprozesses. Ausgangspunkt des iterativen Ablaufs ist die Entscheidung oder vielmehr das Bedürfnis, sich mit einer unbekannten Materie zu beschäftigen.[15] Im Anschluss daran ist es Aufgabe der Forschungs- und Entwicklungsabteilung, durch analytisch strategisches Vorgehen neues Wissen zum Produkt zu generieren. Die Resultate fließen in die Invention. Mit ihr werden erste Entwürfe zur Realisierung von Problemlösungen dargestellt.[16] Erscheint die Invention erfolgreich, werden die notwendigen Ressourcen zur Produktion und somit zur Markteinführung des neuen Produktes oder Prozesses bereitgestellt. Gelingt die Markteinführung, so spricht man von einer Innovation im engeren Sinne. Die anknüpfende Prozessstufe der Marktdurchsetzung beschreibt die Akzeptanz bei den Kunden und resultiert in der Adaption der Innovation am Markt. Die erfolgreiche Positionierung eines Produktes am Markt zwingt Konkurrenten, in den Wettbewerb einzutreten und das Produkt zu imitieren, wobei Imitationen einen Einfluss auf die Diffusion, also die Verbreitung des Produktes haben.[17] Der dargestellte Innovationsprozess gliedert sich als wichtiger Bestandteil in das Innovationsmarketing ein. Dieses umfasst sämtliche Maßnahmen, die den Innovationsprozess in eine marktorientierte Richtung weisen.[18] Das Innovationsmarketing bildet eine Querfunktion im Unternehmen und ist vergleichbar mit anderen Querfunktionen wie Logistik und Führung. Querfunktionen unterstützen die vertikalen Einheiten und beziehen sich auf die gesamte Wertschöpfungskette innerhalb der Organisation.[19]

---

14 Vgl. *Ergenzinger/Krulis-Randa* (2000), S. 225.

15 Vgl. *Hauschildt/Salomo* (2007), S. 27.

16 Vgl. *Pleschak/Sabisch* (1996), S. 6.

17 Vgl. *Brockhoff* (1999), S. 37.

18 Vgl. *Stummer et al.* (2010), S. 87.

19 Vgl. *Mirow* (2003), S. 407.

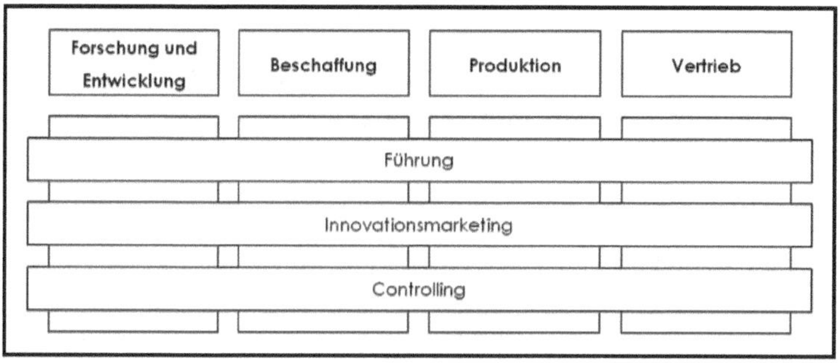

Abbildung 1: Innovationsmarketing als Querfunktion[20]

Das Innovationsmarketing wird sowohl von der Innovationsentwicklung als auch vom Marketing beeinflusst. In diesem Zusammenhang unterscheidet sich das Innovationsmarketing vom Marketing dahingehend, dass es sich auf die Umsetzung des gesamten Innovationsprozesses spezialisiert. Aufgabe ist es, neue Leistungsangebote zu schaffen, um sie anschließend auf potenziellen und bestehenden Absatzmärkten zu vermarkten.[21]

Zusammengefasst beinhaltet das Innovationsmarketing alle marktorientierten Aufgaben des Innovationsmanagements. Dabei bedient es sich operativer und strategischer Marketinginstrumente, und darüber hinaus koordiniert es die Aufgaben entlang des Innovationsprozesses.[22] Während das operative Innovationsmarketing alle gängigen Tätigkeitsfelder[23] einer Marketingabteilung umfasst[24], liefert das strategische Innovationsmarketing die notwendigen Informationen für die Handlungsoptionen des operativen Innovationsmarketings.[25]

---

20 Trommsdorf/Steinhoff (2006), S. 43.

21 Vgl. *Trommsdorf/Steinhoff* (2006), S. 43f.

22 Vgl. *Trommsdorf/Steinhoff* (2006), S. 46.

23 Zu den Aufgabenfeldern gehören Marktforschung, Marketing Services (z. B. Produktmanagement und Verkaufsförderung) und die Marketingkommunikation.

24 Vgl. *Winkelmann* (2010), S. 36.

25 Vgl. *Trommsdorf/Steinhoff* (2006), S. 46.

Bewertung von Innovationen

Nach der Darstellung des Innovationsmarketings befasst sich der folgende Abschnitt mit den Bewertungsmethoden von Innovationen. Ob ein neues Produkt erfolgreich oder nicht erfolgreich auf dem Markt ist entscheidet schließlich über den Unternehmenserfolg.

Demzufolge benötigen Innovationen Erfolgsfaktoren. Ein dominierender Faktor hierbei ist *Coopers* Product Uniqueness and Superiority[26], auch relevanter Produktvorteil aus Sicht des Kunden oder USP genannt. Im Kontext der Innovationen verwenden *Trommsdorf* und *Steinhoff* den Begriff CIA[27]. Der CIA besteht aus fünf Bedingungen, wobei der KKV[28] als Basis dient und um die Unverzichtbarkeit des neuen Produktes auf dem Markt ergänzt wird.[29] Die fünf Bedingungen sind in Abbildung 2 dargestellt.

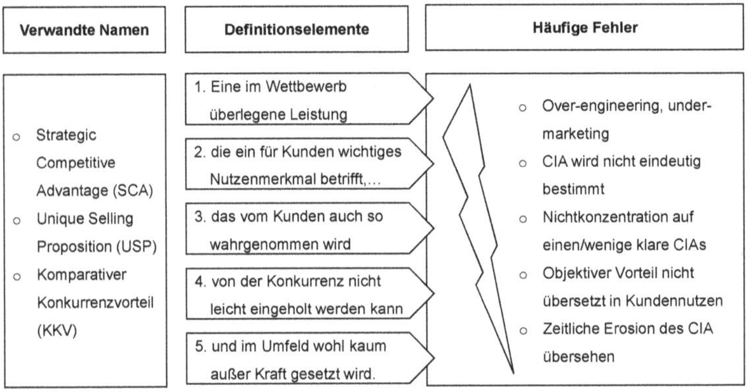

Abbildung 2: Bedingungen des Competitive Innovation Advantage[30]

---

26 *Cooper* (1979), S. 93ff.

27 CIA bedeutet Competitive Innovation Advantage.

28 KKV bedeutet Komparativer Konkurrenzvorteil. „Nach dem KKV bemisst sich der Markterfolg eines Investitionsgutes danach, ob sein Leistungsangebot in der Wahrnehmung der Nachfrager besser ist als dasjenige der Konkurrenz. Der Vorsprung eines Anbieters vor seinen Wettbewerbern ist sein komparativer Konkurrenzvorteil." (*Backhaus,* 1995, S. 17).

29 Vgl. *Trommsdorf/Steinhoff* (2006), S. 76.

30 Trommsdorf/Steinhoff (2006), S. 77.

Je höher der CIA eines Produktes ist, desto höher ist der potenzielle Erfolg. Zur Feststellung des CIA gibt es verschiedene Bewertungsmethoden, die Innovationen hinsichtlich ihrer Positionierung, Rentabilität und ihrer Akzeptanz bei den Kunden evaluieren. Hierbei wird zwischen monetären Methoden[31] und Methoden des ganzheitlichen Vergleichs[32] unterschieden. Letztere finden eine größere Akzeptanz, da sie relativ einfach anzuwenden sind.[33] Sie bilden die Basis für das Benchmark von Produkten. Mit ihrer Hilfe lassen sich Optimierungspotenziale für Produkte ermitteln. Dabei wird eine Kombination aus Qualität und Kosten von Best-Practice-Beispielen abgeleitet mit dem Ziel, die Wettbewerbsfähigkeit zu stärken und Kundenanforderungen besser zu treffen.[34]

Als analytisches Instrument der Bewertung komplexer Wettbewerbsverhältnisse und Imagestrukturen auf dem Markt dient die Produktpositionierungsanalyse. Mithilfe ihrer Anwendung lässt sich die Stärke eines CIA nicht nur erklären, sondern auch beschreiben. Die Produktpositionierungsanalyse wird auf den nächsten Seiten genauer erläutert und bildet die Grundlage für das Benchmark der einzelnen Automobilhersteller.

Der Begriff der Produktpositionsanalyse ist von dem – im Marketing bekannten – Begriff Positionierung abgeleitet. Letzterer wurde bekannt, nachdem die Unternehmensberater *Al Ries* und *Jack Trout* mit ihrem Buch „Positioning: The Battle for your mind“ herausstellten, welchen Einfluss die Produktpositionierung auf den Marketingmix hat.[35] Dabei geht es nicht um die Kreation von etwas völlig Neuem, sondern darum, bereits vorhandene Verbindungen, die schon im Kopf des Konsumenten verankert sind, zu nutzen und sie an das neue Produkt zu binden.[36] Zur Darstellung von Positionierungen werden Methoden, zu denen auch die Produktpositionsanalyse gehört, angewendet. Ziel dieses Verfahrens ist es,

---

31 Z. B. Investitionsrechnung, Kapitalwertmethode oder Wahrscheinlichkeitsverteilungen.

32 Z. B. Bewertung mithilfe einer Punkteskala oder einer Rangordnung.

33 Vgl. *Trommsdorf/Steinhoff* (2006), S. 327.

34 Vgl. *Lentrodt/Hane* (2009), S. 110.

35 Vgl. *Ries/Trout* (2000), S. 20.

36 Vgl. *Ries/Trout* (2000), S. 5.

Korrelationen zwischen dem Wettbewerbsvorteil und Produktinnovationen zu analysieren.[37] Produktpositionen stellen in diesem Zusammenhang allgemeine Produktmerkmale[38] dar. Entsprechend steht die Generierung von Zusammenhängen zwischen Produktpositionen und Produkten des Marktes im Zentrum der Produktpositionsanalyse. Die Zusammenhänge werden im Anschluss in der Produktpositionsmatrix visualisiert. Sie ist eine m x n Matrix mit m Produktpositionen und n Produkten. Eine andere Methode ist die der multidimensionalen Skalierung, mit der sich alle bedeutenden Produktpositionen und Wettbewerber in einem Eigenschaftsraum abbilden lassen. Hierzu werden die kaufentscheidungsrelevanten Produktpositionen mithilfe der Faktorenanalyse zu Produktpositionskriterien zusammengefasst und im Anschluss als Vektoren illustriert.[39] Die Parameter für die Produktpositionen können hierbei empirisch erhoben werden.[40]

Trends in der Automobilindustrie und ihre Anforderungen

Das Innovationsmarketing setzt den Fokus auf die Einführung neuer Produkte. Ob eine Innovation erfolgreich ist oder nicht, entscheidet ihr CIA, der unter anderem im Rahmen des Benchmarks mit der Methode der Produktpositionsanalyse[41] ermittelt werden kann.

Auch in der Automobilindustrie spielt das Innovationsmarketing derzeit eine wesentliche Rolle. Innerhalb der Branche wird dann von einer Innovation gesprochen, wenn eine neue Baureihe durch einen Automobilhersteller eingeführt wird. In den vergangenen Jahren stellten zahlreiche OEMs ihre Elektroautos aus. Sie sind das Resultat eines weltweiten Megatrends in Politik, Wirtschaft und Gesellschaft.[42] Der Innovationswert bei

---

37 Vgl. *Joppich* (2010), S. 57.

38 Z. B. Preis, Wirtschaftlichkeit und Qualität.

39 Vgl. *Meffert et al.* (2010), S. 136.

40 Vgl. *Joppich* (2010), S. 57f.

41 Im Rahmen dieses Beitrags werden Produktpositionsanalyse und Produktpositionierungsanalyse synonym verwendet.

42 Vgl. *Wyman* (2011), S. 7.

ihnen besteht in der technisch-qualitativen Ausrichtung. Bei der Einführung neuer Elektromobilitätskonzepte geht es neben der Bedürfnisbefriedigung nach Mobilität auch um das Wachstum auf den jeweiligen Präsenzmärkten.

Mehr als in anderen Industrien hängt der Unternehmenserfolg davon ab, das neue Modell an zukünftige Marktentwicklungen anzupassen, da der Nachweis hoher Innovationsfähigkeit imageprägend ist. Darüber hinaus muss der neue Fahrzeugtyp geschickt am Markt positioniert werden. Infolgedessen ermöglichen es Produktpositionen den Marktraum zu bestimmen. Weiterhin sollten die Produktpositionen so gewählt werden, dass sie für die Kaufentscheidung des Kunden maßgeblich sind und sich gegenseitig nicht beeinflussen. Ziel ist es, die Positionierung innerhalb des Wettbewerbs zu definieren und bei Bedarf Handlungsoptionen abzuleiten. Bei der Produktpositionierung ist die Beachtung dreier strategischer Faktoren unabdingbar:

- Wettbewerbsdifferenzierung: Das neue Modell muss sich in mehreren Merkmalen von der Konkurrenz unterscheiden.
- Kundenakzeptanz: Das neue Modell muss von den Kunden als attraktiv empfunden werden.
- Markenadäquanz: Das neue Modell muss dem Image der Marke entsprechen.[43]

Die Positionierung unter Berücksichtigung der genannten strategischen Faktoren kann sowohl wettbewerbsnah als auch wettbewerbsfern sein. Hier sind in der Automobilindustrie bis jetzt verschiedene Strategien angesiedelt. Bei der Vermarktung von Elektroautomobilen sieht die aktuelle Situation etwas anderes vor. Ursache dafür sind zum einen die Spezialisierungen bei der Entwicklung und Fertigung und zum anderen die Übernahme der Forschungs- und Entwicklungsarbeit durch die Automobilzulieferer. Bedingt durch diese Entwicklungen werden sich die Technik und das Aussehen von Automobilen in der Zukunft nur noch marginal unterscheiden. Dies hat zur Folge, dass das Markenversprechen der OEMs eine immer größer werdende Rolle einnehmen wird. Darüber hinaus muss

---

[43] Vgl. *Diez* (2006), S. 119ff.

sich die Automobilindustrie einer immer älter werdenden Bevölkerungsstruktur anpassen, was wiederum Auswirkungen auf die Positionierung hat.[44] Für die Entwicklung von Innovationen bedeutet das, dass die Automobilhersteller bei der Innovationsselektion kritisch sein müssen, um am Ende nur diejenigen Innovationen herauszufiltern, die ein entsprechendes Erfolgsversprechen enthalten. Dieser Sachverhalt setzt voraus, dass Kundenwünsche berücksichtigt und Risiken kontinuierlich analysiert werden.

Die Sicht der Automobilhersteller

Bedingt durch die gegenseitigen Interdependenzen von Automobilherstellern und Ländermärkten muss jedoch ebenfalls auf die Anforderungen der Automobilindustrie eingegangen werden. Aus Sicht der Automobilhersteller sollten die Ländermärkte Förderungskonzepte auf monetärer und nicht monetärer Ebene bereitstellen. Diese sollten eine möglichst nationale Geltungsweise haben. Da sich ein Schwerpunkt für die Nutzung von Elektroautos in Metropolregionen abzeichnet, ist vorauszusetzen, dass die jeweiligen Länder die notwendige Infrastruktur zur Verfügung stellen.

Auf der anderen Seite setzen die Ländermärkte ein grundsätzliches Verständnis der Automobilhersteller für die Märkte an sich voraus. Zur Bewertung der Positionierung der Fahrzeughersteller sollten dementsprechend sowohl die staatlichen Fördermaßnahmen als auch die länderspezifischen Präferenzen herangezogen werden. Abschließend bleibt zu sagen, dass insbesondere eine Reduktion der TCOs[45] von beiden Parteien verlangt wird, um Elektroautos effektiver zu vermarkten.

---

44 Vgl. *Wyman* (2011), S. 7.

45 Die Total Costs of Ownership dienen dazu, den Kundenwert bei der Anschaffung eines Investitionsgutes abzuschätzen. Die Grundidee ist, eine Kostenübersicht zu erhalten, die neben den Anschaffungskosten auch alle Aspekte (Energiekosten, Reparatur, Wartung etc.) der späteren Nutzung berücksichtigt. (vgl. *Kohlert*, 2006, S. 7)

Der Kriterienkatalog als Bewertungsinstrument der Elektromobilität

Der folgende Abschnitt befasst sich mit der Eingrenzung von Kriterien, um die Determinanten für die Produktpositionsanalyse bestimmen zu können. Dabei gilt es einerseits, die Ländermärkte hinsichtlich ihrer Bereitschaft für Elektromobilität zu evaluieren, und andererseits die Automobilhersteller zu bewerten. Der Ermittlung der Kriterien für die Bewertung der Ländermärkte folgt die Festsetzung der wichtigsten Produkteigenschaften für die Vermarktung von Elektroautos. Hierzu wird in Kooperation mit den Experten zunächst eine Sammlung der wichtigsten Anspruchskriterien zur Bewertung der Ländermärkte und Automobilhersteller entwickelt. Diese werden gleich gewichtet und auf einer Skala abgebildet. Die Bewertung auf der Skala reicht von 10 (Kriterium vollkommen erfüllt) bis 0 (Kriterium nicht erfüllt), wobei auch 0 ein gutes Ergebnis sein kann, wenn der Automobilhersteller auf den Punkt bewusst verzichtet.

Die Ergebnisse werden im Anschluss entsprechend aufbereitet. Das Kapitel schließt mit der Idealvorstellung zur Positionierung von Elektroautos in den Nationen ab. Dabei handelt es sich bei der Positionierung um „das Bestreben des Unternehmens, sein Angebot so zu gestalten, dass es im Bewusstsein des Zielkunden einen besonderen, geschätzten und von Wettbewerbern abgesetzten Platz einnimmt“[46].

Verschiedene Ländermärkte im Fokus der Elektromobilität

Unter den Ländern hat schon längst das Wettrennen um die Position des Leitmarktes für Elektromobilität begonnen. Ehrgeizige Ziele sollen erreicht werden. In Deutschland sollen im Jahre 2020 über eine Million Elektroautos auf den Straßen fahren. In den USA soll dieses Ziel bereits 2015 erreicht sein. Die chinesische Regierung strebt an, dass bis 2020 über 4 Millionen Elektrofahrzeuge vermarktet worden sind. Auch Japan will mit 2 Millionen Fahrzeugen dabei sein.[47] Fest steht jedoch, dass die Länder in umfassende Maßnahmen wie den Ausbau der Infrastruktur investieren müssen, um den Durchbruch der Elektromobilität zu gewährleisten.

---

[46] *Kotler et al.* (2007), S. 423.

[47] Vgl. *Mikko/Markus* (2010), S. 14.

Gleichzeitig sind Verkaufsförderungskonzepte zu entwickeln, um Elektroautos attraktiver zu machen.

Nach Meinung der Expertenaussagen muss im Rahmen der Förderungsmöglichkeiten zwischen angebotsbezogenen und nachfragebezogenen Anreizsystemen differenziert werden.[48] Wie aus den vorangegangenen Kapiteln bereits hervorgegangen ist, ist die Fähigkeit, kontinuierlich neue Produktinnovationen zu generieren, mit Blick auf das Unternehmenswachstum von essenzieller Bedeutung.[49] Aus diesem Grund wird das Kriterium der Förderung der Forschungs- und Entwicklungsarbeit[50] als erstes genannt. Generell müssen die angefallenen Kosten der Forschung und Entwicklung durch den Umsatz der neuen Produkte gedeckt werden.[51] Nach Meinung der Experten spielt eine effektive Bezuschussung der F&E-Aktivitäten eine übergeordnete Rolle, wenn das Ziel erreicht werden soll, Leitmarkt für Elektromobilität zu werden.[52] Durch eine Schaffung von Synergieeffekten in den jeweiligen Ländermärkten können Kostensenkungspotenziale geschaffen und die späteren Produktionskosten minimiert werden. Das Resultat ist eine effiziente und nachhaltige Technologieführerschaft. Zudem können sich die Experten auf der Angebotsebene eine Subventionierung der Automobilhersteller und -zulieferer vorstellen.[53] Darüber hinaus ist es die Aufgabe des jeweiligen Staates, klimapolitische Rahmenbedingungen zu schaffen, die eine deutliche Reduktion der CO_2-Bilanz ermöglichen. Hierzu gehört die Entwicklung eines Strommixes, der auf regenerativen Energiequellen beruht und die Diffusion der ökologisch verträglichen Elektromobilität[54] gewährt. Als Beispiel sei hier der Elektro-Smart zu nennen, der zu einem Drittel mit Strom aus Kohlekraftwerken,

48 Ergebnis Experteninterview.

49 Vgl. *Hauber* (2002), S. 1.

50 Forschung und Entwicklung ist die „systematische, schöpferische Arbeit zur Erweiterung des Kenntnisstandes, einschließlich der Erkenntnis über den Menschen, die Kultur und die Gesellschaft sowie deren Verwendung mit dem Ziel, neue Anwendungsmöglichkeiten zu finden". (*Ermisch* 2007, S. 32).

51 Vgl. *Haunerdinger/Probst* (2006), S. 56.

52 Ergebnis Experteninterview.

53 Ergebnis Experteninterview.

54 Vgl. *Schneidewind/Scheck* (2011), S. 58.

zu einem Drittel mit Strom aus Atomkraftwerken und zu einem Drittel mit Strom aus regenerativen Energiequellen fährt und somit eine höhere CO_2-Bilanz aufweist als ein herkömmlicher Smart mit Dieselmotor.[55]

Werden die Möglichkeiten der nachfragebezogenen Anreizsysteme betrachtet, so beinhaltet das Kriterium der Steuersenkungen die Senkung oder Befreiung von der Kraftfahrzeugsteuer. Zudem halten die Experten ein Steueranrechnungsverfahren für möglich. Der gebräuchlichere Term ist der englische Tax Credit. Darunter ist eine direkte Reduktion der zu zahlenden Steuern zu verstehen.[56] Ein weiteres Kriterium ist die Schaffung von ordnungsrechtlichen Förderungsmaßnahmen. Zu ihnen zählen die Fachleute die kostenlose Bereitstellung von Parkplätzen sowie die Nutzung von Busspuren.[57] Einmalprämien hingegen stehen die Experten skeptisch gegenüber. Dies ist zum einen darauf zurückzuführen, dass diese technologieoffen sein müssten, und zum anderen andere Technologien kostenineffizient machen würden, weil die Elektromobilität ausschließlich gefördert werden würde.

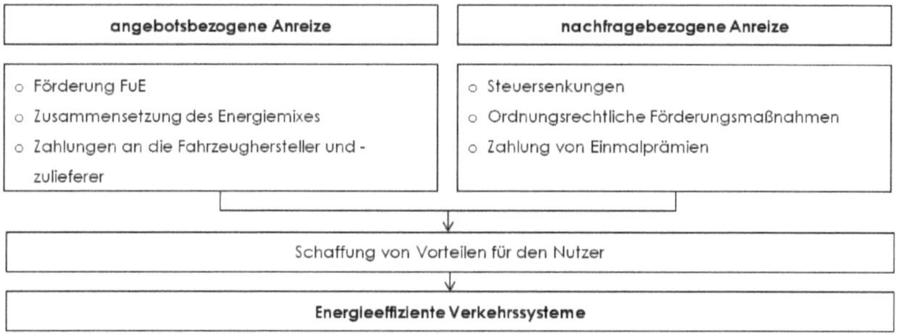

Abbildung 3: Kriterien für staatliche Förderungskonzepte

55 Ergebnis Experteninterview.

56 Vgl. *Griffith/Lieuallen* (2008), S. 62.

57 Ergebnis Experteninterview.

Insgesamt sollte es Ziel der staatlichen Förderungspolitik sein, möglichst viele Vorteile für die Nutzer zu bieten und energieeffiziente Verkehrssysteme zu schaffen.[58]

Der Vorstellung der Kriterien zur Bewertung der Ländermärkte folgt im angrenzenden Unterkapitel die Aufführung der Kriterien zur Bewertung der Automobilhersteller.

Kriterien zur Bewertung der Automobilhersteller

Das Auto ist ein High-Involvement[59] Produkt. Der Käufer identifiziert sich in einem hohen Maß mit ihm. Dabei ist das Vehikel ein Symbol für Status und Prestige, Freiheit und Unabhängigkeit und nicht zuletzt von Modernität und Fortschritt. Zudem ist es ein Spiegel der eigenen Persönlichkeit. Entsprechend spielen psychologische Aspekte in der Automobilwerbung eine übergeordnete Rolle. Dies ist ein Resultat der Entwicklung des Automobils in den vergangenen Jahren. Heutzutage ist es schwer, die Produkte zu differenzieren, da sich die Fahrzeuge in technisch-funktionaler Sicht nur marginal unterscheiden. Um sich von der Konkurrenz abzuheben, muss es den Automobilherstellern gelingen, ihr Produkt so zu positionieren, dass es sich von den Merkmalen der Wettbewerber abgrenzt. Dies funktioniert in erster Linie über die Kommunikation immaterieller Werte.[60] Dabei gilt es, den Trend der Individualisierung zu berücksichtigen. Hierbei ist das Wort Egonomics[61] von Belang. Auf den Autofahrer bezogen bedeutet das, dass es den Automobilherstellern gelingen muss,

---

58 Ergebnis Experteninterview.

59 „Bei High-Involvement Produkten handelt es sich häufig um teure Produkte, oder Produkte, die sich der Konsument für lange Zeit anschafft. Das High-Involvement erklärt sich aus dem drohenden Risiko eines Fehlkaufes und des damit verbundenen finanziellen Verlustes. Der Preis eines Produktes ist jedoch nicht allein ausschlaggebend. High-Involvement Produkte können auch solche Produkte darstellen mit denen sich Kunden in speziellem Maße identifizieren bzw. Produkte, denen sie sich regelmäßig bedienen, um sich gegenüber ihrer sozialen Umwelt abzugrenzen“ (*Reichwald/Piller* 2009, S. 161).

60 Vgl. *Spiegel/Chytka* (2007), S. 571.

61 „Der Begriff Egonomics beschreibt, dass es für Unternehmen rentabel sein kann, sich auf die Individualität der Kunden einzustellen“ (*Steinbauer* 2009, S. 12).

das Bedürfnis nach einem hohen Maß an Individualität und der Abhebung vom Mainstream in die Produktentwicklung mit einfließen zu lassen.[62]

Das relevanteste Kriterium zur erfolgreichen Vermarktung von Elektroautos ist das der TCO. Hierzu gehören neben dem Anschaffungspreis auch die Haltungskosten des Fahrzeuges. Eine Studie der *BW^{e} mobil* ergab, dass die Hälfte der für Elektrofahrzeuge in Frage kommenden Endkunden bei einer Kostenlücke von 3.000 Euro bis 5.000 Euro bereit sind, einen Aufpreis von 1.000 Euro bis 2.000 Euro zu zahlen.[63] Nach Meinung der Experten muss der Preis den Verwendungszwecken entsprechen, sodass dem Käufer ein eindeutiges Preis-Leistungsverhältnis aufgezeigt werden kann. In diesem Sinne sollte berücksichtigt werden, dass ein Elektroauto überwiegend nur als Zweitwagen für den Gebrauch in der Stadt oder auf Kurzstrecken angeschafft werden kann. So erfüllt es den Nutzen eines vollwertigen Fahrzeuges nicht. Abgesehen von einem guten Image hat der Kauf eines Elektrofahrzeuges keinen Mehrwert gegenüber einem konventionellen Fahrzeug.[64]

Ein weiteres Kriterium ist das des ganzheitlichen Konzeptes. Es beinhaltet sowohl fahrzeugtechnische als auch verkehrsrelevante Aspekte. So sollte es die Aufgabe des jeweiligen Automobilherstellers sein, dem Kunden ein einheitliches Infrastruktur- und Abrechnungssystem zu bieten. Dies beinhaltet auch, dass der Fahrzeugnutzer ständig über den aktuellen Ladestatus der Batterie und über Tankmöglichkeiten in der Nähe informiert wird.

Im Rahmen eines ganzheitlichen Verkehrskonzeptes sollten zudem neue Geschäftsmodelle entwickelt und bereits bestehende Modelle erweitert werden. Zu ihnen gehören Carsharing-Konzepte. Diese sollten einen klaren Kostenvorteil gegenüber der Nutzung eines herkömmlichen Fahrzeuges bieten und rentabel sein.[65]

---

62 Vgl. *Spiegel/Chytka* (2007), S. 572.

63 Vgl. *BW^{e} mobil* (2010), S. 28.

64 Ergebnis Experteninterview.

65 Ergebnis Experteninterview.

Bei Elektrofahrzeugen handelt es sich – wie bereits erwähnt – um Produktinnovationen. Entsprechend sind Hygienefaktoren Pflicht.[66] So sind ein starkes Drehmoment und ein niedriger Geräuschpegel eine Grundvoraussetzung. Angrenzend an das Kriterium der Hygienefaktoren folgt der Faktor Design. Hier gilt es, den Grad der Innovation festzustellen. Während konservative Kunden ein weniger futuristisches Fahrzeugkonzept wünschen, haben andere wiederum das Bedürfnis, sich mit ihrem Elektrofahrzeug von der Masse abzusetzen. Ziel ist es, die Akzeptanz für das Elektroauto über die Akzeptanz der Early Adopters zu erweitern. Daher sollten sich die Automobilhersteller an den Wünschen dieser orientieren. Der Trend geht in Richtung eines innovativen Fahrzeugdesigns.[67] Die Teilnahme von Automobilherstellern an Pilotprojekten ist ein anderes Kriterium. Nach Meinung der Experten wird auf diese Weise das Brand Image gestärkt. Zudem haben potenzielle Käufer die Möglichkeit, das Fahrzeug auf Herz und Nieren zu überprüfen. Nach Meinung der Experten ist eine Ausrichtung auf das Firmenkundengeschäft zudem wichtig, wenn es um eine erfolgreiche Vermarktung der Elektromobilität geht. Beobachtungen haben ergeben, dass insbesondere Gemeinden und Kommunen großes Interesse an Elektromobilität gezeigt haben. Schließlich sollte dem Aspekt der Nachhaltigkeit bei der Werbung große Aufmerksamkeit geschenkt werden. Unter diesen Gesichtspunkt fallen die Käuferkriterien Innovation, Komfort und Umweltbewusstsein, die dem Käufer mithilfe von Emotionen vermittelt werden sollen. Ziel ist es, dem Käufer ein anderes Verständnis für Mobilität zu vermitteln.[68]

Vier Ländermärkte im Fokus der Elektromobilität

Dieser Abschnitt befasst sich mit der Bewertung der Ländermärkte hinsichtlich ihrer Eignung für die Einführung von Elektrofahrzeugen. Schwerpunkt der Untersuchung sind insbesondere die Förderungskonzepte zur Einführung der alternativen Antriebstechnologie. In einem ersten Schritt

---

66 Ergebnis Experteninterview.

67 Ergebnis Experteninterview.

68 Ergebnis Experteninterview.

werden die Förderungskonzepte der Ländermärkte Deutschland, China, Japan und USA vorgestellt. Darauf aufbauend werden die vier Nationen mithilfe der bereits vorgestellten Kriterien bewertet.

Deutschland

In Deutschland schlägt die Mineralölsteuer mit bis zu 50 Cent pro Liter zu Buche. Darüber hinaus wird eine Ökosteuer von 15,3 Cent pro Liter veranschlagt.[69] Diese Steuersätze gelten nicht für Elektromobilität. 2009 beschloss die Bundesregierung in die Forschung und Entwicklung sowie die Infrastruktur zu investieren, um die Einführung von Elektroautos zu vereinfachen. Dazu verabschiedete sie den NEEdB[70] (Nationaler Entwicklungsplan der Bundesregierung). Als ein erstes Resultat lief Ende 2009 das Förderprojekt Modellregionen Elektromobilität an, welches mit 500 Millionen Euro aus dem Konjunkturpaket II[71] gefördert wird. Im Zuge dessen werden in 8 deutschen Regionen der Aufbau sowie die Umsetzbarkeit der Elektromobilität getestet.[72] Zu ihnen gehören Berlin/Potsdam, Dresden/Leipzig/Sachsen, München, die Region Stuttgart, Rhein-Main, Rhein-Ruhr, Oldenburg/Bremen und Hamburg.

Um den gegenseitigen Austausch zwischen den beteiligten Wirtschaftszweigen, Forschungsschwerpunkten und der Bundesregierung zu erleichtern, wurde 2010 die NPE[73] (Nationale Plattform für Elektromobilität) gegründet. Ziel ist es, Deutschland zum Leitmarkt für Elektromobilität wer-

---

69 Vgl. *Goldmann/Zinsig* (2010), S. 264.

70 NEEdB bedeutet Nationaler Entwicklungsplan Elektromobilität der Bundesregierung.

71 „In Deutschland war bereits ein erstes Maßnahmenpaket [...] zur Beschäftigungssicherung durch Wachstumsstärkung mit einem Volumen von insgesamt rund 31 Mrd. Euro für die Jahre 2009 und 2010 beschlossen worden. Im Einklang mit den Beschlüssen des Europäischen Rates vom 11. und 12. Dezember 2008 hat sich die Bundesregierung Mitte Januar darauf verständigt, ein weiteres umfangreiches Konjunkturpaket als ‚Pakt für Beschäftigung und Stabilität' mit einem Volumen von insgesamt rund 50 Mrd. Euro ebenfalls für die Jahre 2009 und 2010 zusätzlich auf den Weg zu bringen." (*Bundesministerium für Wirtschaft und Technologie* 2009, S. 42)

72 Vgl. *Yay* (2010), S. 87.

73 NPE bedeutet Nationale Plattform Elektromobilität.

den zu lassen und Technologieführer zu werden. Dazu wurden sieben Arbeitsgruppen geschaffen:

- Arbeitsgruppe Antriebstechnologie
- Arbeitsgruppe Batterietechnologie
- Arbeitsgruppe Ladeinfrastruktur und Netzintegration
- Arbeitsgruppe Standardisierung und Zertifizierung
- Arbeitsgruppe Materialien und Recycling
- Arbeitsgruppe Nachwuchs und Qualifizierung
- Arbeitsgruppe Rahmenbedingungen[74]

Derzeit legen die Bemühungen der Bundesregierung den Fokus auf die Forschung und Entwicklung, die Märkte und die Rahmenbedingungen, die mit knapp 4 Milliarden Euro gefördert werden.[75] Im Mai 2011 veröffentlichte die NPE ihren zweiten Bericht mit Vorschlägen für die Erreichung der Ziele. Im Anschluss stellte die Bundesregierung im selben Monat ihr Regierungsprogramm zur Elektromobilität vor. Auf Einmalprämien wird dabei verzichtet. Es sei Aufgabe der Automobilhersteller, Angebote zu kalkulieren, die einen Markthochlauf ermöglichen. Dabei sollen Mehrkosten durch Querfinanzierungen aufgefangen werden.[76] Nicht-monetäre Anreize werden aber geboten. Zu ihnen gehören die Bereitstellung von Sonderparkplätzen, die Aufhebung von Zufahrtsverboten, die Freigabe von Busfahrspuren und die Errichtung von Sonderfahrspuren. Darüber hinaus sollen steuerliche Anreizmaßnahmen wie zum Beispiel die Befreiung von der Kfz-Steuer und eine neue Regelung zur Besteuerung von Dienstfahrzeugen Anreize schaffen.[77]

---

74 Vgl. *NPE* (2011), S. 15ff.

75 Vgl. *NPE* (2011), S. 18.

76 Vgl. *Bundesregierung* (2011), S. 46.

77 Vgl. *Bundesregierung* (2011), S. 46ff.

Japan

Die japanische Automobilindustrie ist mit ihren innovativen Montagetechniken seit Jahren Vorreiter in der globalen Fertigungsindustrie. Japans Abgasemissionsregeln gehören derzeit zu den strengsten der Welt, was die heimischen Automobilhersteller zwingt, ständig neue Technologien zu entwickeln.[78] Aus diesem Grund fördert die japanische Regierung die Vermarktung alternativer Antriebstechnologien seit 1978. Zu den Subventionen gehören Forschungs- und Entwicklungszuschüsse, Steuersenkungen, Einmalprämien und die Bildung der Bevölkerung.[79]

Seit einigen Jahren lässt die Nachfrage nach Fahrzeugen nach, was daran liegt, dass der japanische Automarkt als relativ gesättigt gilt.[80] Aufgrund dessen hat die japanische Regierung ein Stimulationspaket verabschiedet, mit dem alte Fahrzeuge durch neuere, umweltfreundlichere ersetzt werden sollen. Das Programm lief von 2009 bis 2010 und beinhaltete Einmalprämien von bis zu 2.495 Euro[81] (250.000 Yen). Darüber hinaus wurde ein Drei-Jahres-Programm implementiert, in dessen Rahmen von 2009 bis 2012 Elektroautos von den Steuern befreit sind.[82] Zusätzlich arbeitet Japan an der Infrastruktur. So hat das Land 2010 in etwa 110 Millionen Euro in die Ladeinfrastruktur investiert.[83]

China

Nachdem China 1990 der Welthandelsorganisation beigetreten ist, öffnete sich der Automobilmarkt für die Welt. Zuvor war es nur Volkswagen und Daimler gelungen, den chinesischen Markt in Form von Joint Ventures zu erobern.[84] Auch heute ist der chinesische Automobilmarkt durch eine ho-

---

78 Vgl. *Diehlmann/Häcker* (2010), S. 13.

79 Vgl. Japan Automobile Research Institute (2003), S. 2.

80 Vgl. *Diehlmann/Häcker* (2010), S. 13.

81 Der Berechnung liegt der Wechselkurs vom 30.12.2011 zugrunde, wobei 1 Yen 0,01 Euro entspricht.

82 Vgl. Japan Automobile Manufacturers Association (2009), o. S.

83 Vgl. School of Public and Environmental Affairs (2011), S. 62.

84 Vgl. *Diehlmann/Häcker* (2010), S. 17.

he Anzahl von Joint Ventures gekennzeichnet. Grund dafür sind staatliche Regulierungsmaßnahmen. Über sie hofft die chinesische Regierung schnelles Know-how generieren zu können. Zusätzlich versucht Chinas Politik seit 2004 mit der Automotive Industry Policy Großkonzerne zu gründen, um international wettbewerbsfähig zu bleiben. Des Weiteren bietet die Regierung finanzielle Anreize bei der Übernahme chinesischer Hersteller.[85] Derzeit sind chinesische Automobilhersteller in der Entwicklung konventioneller Fahrzeuge gegenüber den ‚klassischen' Automobilherstellern im Rückstand. Um international konkurrenzfähig zu werden, sieht die chinesische Regierung aus diesem Grund ein riesiges Potenzial in der Entwicklung von Elektroautos.[86]

Derzeit entwickelt das chinesische Verkehrsministerium einen Zehn-Jahres-Plan, der den Bau von 3 bis 5 Elektrofahrzeugwerken ebenso vorsieht wie die Errichtung von 2 bis 3 Erzeugungsstätten für Batterien.[87] Darüber hinaus investiert die Regierung 12 Milliarden Euro[88] (100 Milliarden Yuán) in die Förderung von Elektrofahrzeugen. Darunter fallen die Verbesserung der Infrastruktur, die Schaffung finanzieller Anreize und Investitionen in Forschung und Entwicklung.[89]

Im Rahmen eines Pilotprojektes wurden die fünf Städte Hefei, Changchun, Hangzhou, Shenzhen und Shanghai mit jeweils mehreren Millionen Einwohnern ausgesucht. In diesen Regionen wird der Kauf eines Elektroautos mit 370 Euro bis 6.140 Euro (3.000 Yuán bis 50.000 Yuán) gefördert. Die Rabatte gehen direkt an die Hersteller, die die Preise entsprechend senken.[90] Ferner haben drei der Pilotstädte zusätzliche Anreizprogramme geschaffen. So wird der Kauf eines Elektrofahrzeuges in Shanghai mit 4.900 Euro - 7.380 Euro (40.000 Yuán bis 60.000 Yuán), in Shenzhen mit 3.695 Euro (30.000 Yuán) und in Changchun mit 4.900 Euro

---

85 Vgl. *Tang* (2009), S. 22.

86 Vgl. *Bradsher* (2009), S. 1.

87 Vgl. *Shirouzu* (2010), o. S.

88 Der Berechnung liegt der Wechselkurs vom 30.12.2011 zugrunde, wobei 1 Yuán 0,12 Euro entspricht.

89 Vgl. *Vijayenthiran* (2010), o. S.

90 Vgl. *Motavalli* (2010), o. S.

(40.000 Yuán) subventioniert.[91] Als Kern seiner Bemühungen um den Ausbau der Elektromobilität sieht China jedoch die Zusammenarbeit mit anderen Ländern. 2009 hat die Regierung ein Abkommen mit den USA geschlossen, in dem es unter anderem um die Standardisierung von Ladeanschlüssen geht.[92]

Vereinigte Staaten von Amerika

Der US-amerikanische Automobilmarkt spielt mit rund 13,2 Millionen verkauften Pkws eine bedeutende Rolle.[93] Auch hier gab es in den vergangenen Jahren aufgrund eines zunehmenden Umweltbewusstseins und steigender Umweltauflagen ständig neue Herausforderungen für die Automobilindustrie.[94] Ursprung ist das 1990 vom CARB[95] (California Air Resources Board) eingeführte ZEV[96]-Programm. Der Plan war, dass bis 1998 2 Prozent der jährlich verkauften Fahrzeuge emissionsfreie Automobile sein sollten. Diese Standards wurden kontinuierlich angezogen. Im Jahre 2009 wurden sie schließlich neu festgelegt. Der jährlich prozentuale Anteil soll nun bei 11 Prozent für Fahrzeugmodelle zwischen 2009 und 2011, bei 12 Prozent zwischen 2012 und 2014, bei 14 Prozent zwischen 2015 und 2017 und bei 16 Prozent für den Verkaufsanteil ab 2018[97] liegen. Entsprechend spielt der Verkauf von Elektrofahrzeugen eine entscheidende Rolle. Seit April 2010 verkehren die ersten Elektroautos auf den Straßen. Präsident Barack Obama hofft, dass bis 2015 eine Million Elektroautomobile zugelassen werden, und amerikanische Großstädte kämpfen bereits jetzt um den Titel der „Stadt für Elektromobilität"[98].

---

91 Vgl. School of Public and Environmental Affairs (2011), S. 60.

92 Vgl. *The White House* (2009), o. S.

93 Vgl. Credit Suisse Equity Research (2009), S. 23.

94 Vgl. *Diehlmann/Häcker* (2010), S. 9.

95 CARB bedeutet California Air Resources Board.

96 ZEV bedeutet Zero Emission Vehicle.

97 Vgl. *CARB* (2009), S. 37.

98 Vgl. *Roland Berger* (2010), S. 5.

Dabei wird die Einführung von Elektromobilität sowohl von der Regierung als auch von einzelnen Staaten und Kommunen gefördert. Im Rahmen des American Recovery and Reinvestment Act 2009 wurden die Steueranrechnungen von 1.931 Euro[99] auf 5.795 Euro pro Elektrofahrzeug angehoben. Darüber hinaus investiert die amerikanische Regierung knapp 4 Milliarden Euro in die Entwicklung sowie den Ausbau der Infrastruktur.[100] Außerdem haben auch Staaten und Kommunen Anreizprogramme geschaffen.[101] Die populärsten sind Steueranrechnungen oder Umsatzsteuerbefreiungen, die von 580 Euro in Utah bis hin zu 15.460 Euro für kommerziell genutzte Fahrzeuge in Kalifornien reichen.[102] Zusätzlich werden die Besitzer von der Motorsteuer befreit.[103] In bestimmten Gebieten wird Ladeinfrastruktur subventioniert. Die Summen variieren hier zwischen 57 Euro und 50 Prozent der Kosten der Errichtung alternativer Betankungsstationen.[104] Auch die Herstellung von Materialien wird mit Steuernachlässen unterstützt.[105]

Die Ländermärkte kurz zusammengefasst

Alle vier Länder investieren mehrstellige Summen in Forschung und Entwicklung. Parallel dazu entwickeln sie kontinuierlich neue Pläne oder gründen Organisationen wie in Deutschland die Nationale Plattform Elektromobilität oder in Japan die New Energy and Industrial Technology Development Organisation, deren Aufgabe es ist, die Innovationskraft weiter voranzutreiben. Die Förderungssummen für Forschung und Entwicklung variieren jedoch: Während Japan 209 Millionen Euro (21 Milliarden Yen)

99 Der Berechnung liegt der Wechselkurs vom 30.12.2011 zugrunde, wobei 1 Dollar 0,77 Euro entspricht.

100 Vgl. *Department of Energy* (2009), o. S.

101 Zu den Staaten gehören Kalifornien, Colorado, Georgia, Illinois, Louisiana, Maryland, New Jersey, Oregon, Oklahoma, South Carolina, Utah und Washington.

102 Vgl. *Simon* (2010), S. 20.

103 Z. B. in Washington.

104 Vgl. School of Public and Environmental Affairs (2011), S. 52.

105 Zu den Staaten gehören Indiana, Michigan, Louisiana, New Mexico, Oklahoma, South Carolina und Pennsylvania.

investiert, belaufen sich die Summen in China auf 11 Milliarden Euro, in den USA auf 4 Milliarden Euro und in Deutschland auf 4 Milliarden Euro. Daraus ergibt sich eine Bewertung von 2 Punkten für Japan, 9 für China, 5 für die USA und 6 für Deutschland. Bei der Benotung wird die Einrichtung von Organisationen berücksichtigt, woraus sich die niedrigeren Punktzahlen für die USA und China ergeben.

Zur Bewertung des Kriteriums Strommix werden repräsentativ die prozentualen Anteile der Stromzusammensetzung der einzelnen Länder aus den Jahren 2009 und 2010 herangezogen. Gewichtet wird der Anteil an Erneuerbaren Energien. Dieser sollte mindestens 50 Prozent betragen.[106] Hier erhält Deutschland mit einem Anteil von 17 Prozent[107] 4 Punkte. Die USA[108] und Japan[109] erhalten mit einem Anteil von jeweils 4 Prozent 1 Punkt und China[110] mit 9 Prozent 2 Punkte.[111]

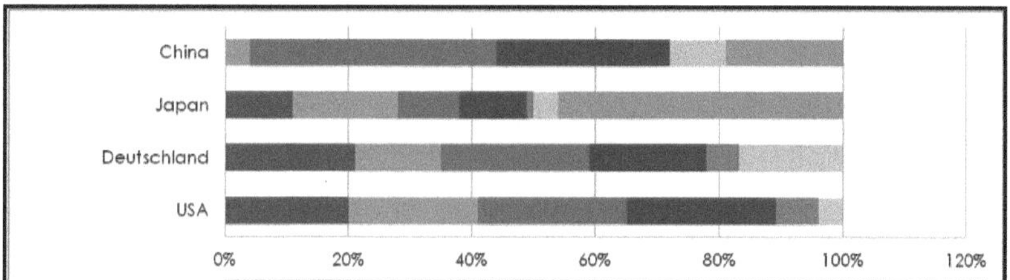

	USA	Deutschland	Japan	China
Kernenergie	20%	21%	11%	0%
Erdgas	21%	14%	17%	4%
Braunkohle	24%	24%	10%	40%
Steinkohle	24%	19%	11%	28%
Sonstige	7%	5%	1%	0%
Eneuerbare Energien	4%	17%	4%	9%
Erdöl	0%	0%	46%	19%

Abbildung 4: Der Strommix nach Ländern

106 Ergebnis Experteninterview.

107 Vgl. Bundesagentur für erneuerbare Energien (2011), o. S.

108 Vgl. *Black and Veatch* (2011), S. 4.

109 Vgl. U.S. Energy Information Administration (2011), o. S.

110 Vgl. *Ulrich* (2010), S. 2.

111 Die Berechnung geht von einem Dreisatz aus. 50% entsprechen 10 Punkten und 1% 0,2 Punkte.

Dem Kriterium der Zahlungen an die Fahrzeughersteller entspricht China in allen Aspekten und sammelt 10 Punkte, da es die Automobilproduzenten als einziges Land auf diese Art und Weise fördert. Aus diesem Grund erhalten die anderen drei Konkurrenten jeweils keine Punkte.

Dem Kriterium der Steuersenkungen im Bereich nachfragerelevanter Aspekte können alle Länder Rechnung tragen. Generell wird die Steuerbefreiung mit 5 Punkten bewertet, die allen Ländern angerechnet wird. Außerdem kann die USA aufgrund des Angebots von Steueranrechnungen zusätzlich mit 3 Punkten rechnen, was zu einer Summe von 5 Punkten für Deutschland, China sowie Japan und zu 8 Punkten für die Vereinigten Staaten führt. Der Beschreibung der Ländermärkte ist zu entnehmen, dass alle Nationen ein hohes Engagement an nicht-monetären Anreizinstrumenten zeigen, was mit 10 Punkten bewertet wird. Für die Zahlung von Einmalprämien hat sich lediglich Japan aufgrund der schlechten wirtschaftlichen Situation entschieden. Da die Experten diese Verfahrensweise für unangemessen halten, schlägt sich dies mit 0 Punkten nieder, während Deutschland, China und die USA jeweils 10 Punkte erhalten.

Zusammenfassend werden die Ergebnisse in der unten stehenden Graphik dargestellt.

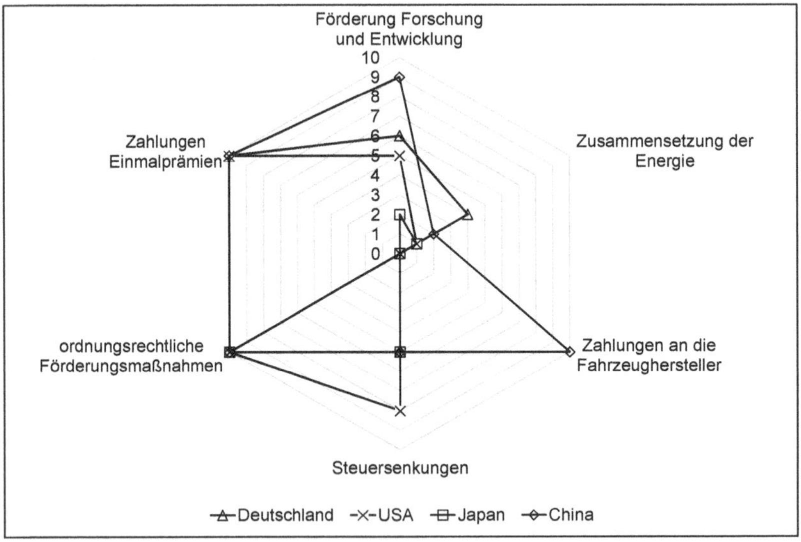

Abbildung 5: Bewertung der Ländermärkte

Drei Automobilhersteller im Vergleich

Um eine fundierte Bewertung der Automobilhersteller vornehmen zu können, ist es nun wichtig, sie hinsichtlich der im Rahmen der Produktpositionsanalyse festgelegten Kriterien zu bewerten. Der Bewertung der einzelnen Automobilhersteller geht eine Vorstellung voraus.

Daimler

Die Daimler AG hat ihren Unternehmenssitz in Stuttgart und ist ein global agierender Automobilhersteller. Das Produktportfolio umfasst Personenkraftwagen, Trucks, Vans und Busse. Darüber hinaus bietet das Unternehmen finanzielle Dienstleistungen und ist an 67 Produktionsstandorten vertreten. Der Konzern beschäftigt derzeit rund 260.000 Mitarbeiter. Unter dem Dach der Daimler AG treten 10 Marken auf: Mercedes-Benz, Smart, AMG, Maybach, Freightliner, Western Star, Mitsubishi Fuso, Setra, Orion und Thomas Built Buses.[112]

Zu den aktuellen Elektrofahrzeugen der Daimler AG gehören der Smart fortwo electric drive, die Mercedes Benz A-Klasse E-Cell und der Vito E-Cell. Während seit Herbst 2011 500 Mercedes Benz A-Klasse E-Cell in Rastatt produziert werden, startet die Großserienproduktion des Smart 2012. Der Vito E-Cell wird derzeit noch in Berlin und Stuttgart sowie seit Anfang 2011 auch in Städten des spanischen Baskenlandes getestet. Darüber hinaus stellte Mercedes-AMG im Sommer 2010 den SLS AMG E-Cell vor, der ab 2013 in verschiedenen Ausstellungsräumen gezeigt wird.[113]

BMW

Die BMW Group ist einer der führenden Anbieter von Premium-Produkten für individuelle Mobilität mit über 17 Produktionsstätten in sechs Ländern. Die Konzernzentrale befindet sich in München. 2010 wurden 95.453 Mitarbeiter beschäftigt. Die Geschäftsbereiche der BMW Group teilen sich in

---

112 Vgl. *Diehlmann/Häcker* (2010), S. 26.

113 Vgl. *Daimler AG* a (o.J.), o. S.

Automobile, Motorräder und Finanzdienstleistungen. Zu den Marken im Premium Segment der BMW Group gehören: BMW, Mini und Rolls Royce.[114]

Anfang 2011stellte die BMW Group die neue Submarke BMW i vor, unter der die BMW Group ihre Elektrofahrzeuge vermarkten will. Mit dem Slogan „Born Electric“ setzt BMW i dabei auf ein ganzheitliches, nachhaltiges Fahrzeugkonzept mit futuristischem Design. Die BMW i-Serie besteht aus den zwei Fahrzeugen BMW i3 und BMW i8. Während der BMW i3 das rein elektrisch angetriebene Fahrzeug ist, werden im BMW i8 Hybridtechnologie und Elektromotorik kombiniert genutzt.[115]

Renault

Renault S.A. ist ein französischer Automobilhersteller mit 118 Standorten weltweit. Der Automobilhersteller produziert sowohl Personenfahrzeuge als auch Nutzfahrzeuge. Die Konzernzentrale befindet sich im französichen Boulogne-Billancourt.[116] Dem Geschäftsbericht zufolge waren im Jahre 2010 122.600 Mitarbeiter im Konzern beschäftigt.[117] Im selben Geschäftsjahr wurden 2,6 Millionen Fahrzeuge verkauft.[118] 1999 gründete Renault eine Allianz mit dem japanischen Automobilhersteller Nissan, die 2002 unter niederländischem Recht zur Gründung einer GmbH führte.[119] Die beiden Unternehmen halten jeweils 50 Prozent an der Renault Nissan B.V., in der auch das Managementboard eingeschlossen ist, welches sowohl die strategischen Ziele beschließt als auch die gemeinsamen Renault-Nissan Aktivitäten koordiniert.[120] Jedes Unternehmen hat ein unmittelbares Interesse an den Ergebnissen des Partners. Aufgrund dessen haben Renault und Nissan einen Aktienanteil am jeweiligen Partner:

---

114 Vgl. *BMW Group* (o. J.), o. S.

115 Vgl. *BMW i* (o. J.), o. S.

116 Vgl. *Diehlmann/Häcker* (2010), S. 32.

117 Vgl. *Renault* (2010a), S. 11.

118 Vgl. *Renault* (2010b), S. 6.

119 Vgl. *Diehlmann/Häcker* (2010), S. 32.

120 Vgl. *Renault* (o.J. b), o.S.

Renault hält einen 43,4 Prozent-Anteil an Nissan, während Nissan 15 Prozent der Renault-Aktien hält.[121] Das Geschäftsfeld von Renault gliedert sich in die Bereiche Automobile und Finanzdienstleistungen. Dabei tritt Renault in den Marken Renault, Dacia, Renault Samsung Motors sowie der strategischen Allianz mit Nissan auf.[122]

„Renault 2016 – Drive the change" lautet der Sechs-Jahres-Plan von Renault. Im Rahmen des Konzeptes sollen Kosten gesenkt, der Marktanteil in Europa gesteigert und das Produktportfolio erweitert werden.[123] Darunter fällt auch das Angebot einer Elektrofahrzeugreihe, der Renault Z.E.[124] Fahrzeuge. Insgesamt vier Modelle gehören zu der Fahrzeugserie, die die Bedürfnisse der europäischen Kunden befriedigen sollen. Seit dem 18.11.2011 ist der Renault Kangoo Z.E. bereits erhältlich. Ihm sollen 2012 die Limousine Renault Fluence Z.E., der Kleinwagen Renault Zoe Z.E. sowie der Kleinstwagen Renault Twizy Z.E. folgen.[125] Zusätzlich hat Renault im April 2010 einen Vertrag mit der Daimler AG geschlossen, um Synergieeffekte nutzen und Produktionskapazitäten optimal auslasten zu können.[126]

Die Automobilhersteller im Vergleich

Der Vorstellung der Automobilhersteller folgt die Bewertung der einzelnen Fahrzeughersteller. Um die Vergleiche möglichst realistisch darzustellen, werden bei der Kalkulation der Kosten die Fahrzeugmodelle Renault Zoe Z.E., Mercedes Benz A-Klasse E-Cell sowie BMW i3 herangezogen. Die genannten Fahrzeuge lassen sich in das Segment der Kleinwagen einordnen und sind somit optimal komparabel. Die Bewertung erfolgt anhand des bereits beschriebenen Kriterienkataloges für die Automobilhersteller. Zur Bewertung der drei Hersteller wurden die sieben Kriterien Total Cost

---

121 Vgl. *Renault* (o. J. b), o.S.

122 Vgl. *Diehlmann/Häcker* (2010), S. 32.

123 Vgl. *Renault* (2010a), S. 2.

124 Z.E. bedeutet Zero Emission.

125 Vgl. *Renault* (2010a), S. 25.

126 Vgl. *Renault* (2010c), o. S.

of Ownership, ganzheitliches Konzept, Hygienefaktoren, Design, Pilotprojekte, Ausrichtung auf den B2B-Markt sowie Nachhaltigkeit herangezogen.

Bei den Total Costs of Ownership werden neben den Anschaffungskosten auch Steuer- und Stromkosten berechnet. Die Kosten werden im Folgenden erläutert. Da es sich bei Elektroautos überwiegend um neue Produkte handelt, wird vom Kauf eines Neuwagens bei einer Nutzungsdauer von 10 Jahren ausgegangen. Zur Berechnung der jährlichen Kosten durch den Kauf des Autos wird angenommen, dass ein Kredit aufgenommen werden muss. Nach Vergleichen verschiedener Autokreditgeber wird von einem jährlichen Zinssatz von 6 Prozent ausgegangen.[127] Darüber hinaus beinhaltet die Vollkostenrechnung die Steuer für Pkws. Während Elektroautos in Deutschland von der Kfz-Steuer befreit sind, wird bei der Vergleichsberechnung konventioneller Fahrzeuge mit dem CO_2-abhängigen Steuersatz kalkuliert. Die Höhe der jährlich anfallenden Versicherungskosten basiert pauschal auf einer Vollkaskoversicherung mit einer Selbstbeteiligung von 300 Euro. Die Reduktion der Versicherungshöhe aufgrund von Schadensfreiheit wird auf 30 bis 40 Prozent geschätzt. Im Gegensatz zu konventionellen Fahrzeugen gibt es für Elektroautos bislang keine fest kalkulierten Versicherungsbeträge. Aus diesem Grund wird mit einem Betrag von 750 Euro gerechnet. Darüber hinaus wird ein pauschaler Betrag für die Fahrzeugwartung in Höhe von 750 Euro angenommen. Schließlich werden die Stromkosten sowie die Batteriemiete berechnet. Bei dem Strompreis wird von 26 Cent pro Kilowattstunde[128] ausgegangen. Da Elektroautos überwiegend auf den Einsatz von Kurzstrecken ausgerichtet sind, wird mit einer jährlichen Fahrleistung von 12.000 Kilometern kalkuliert. Dies entspricht in etwa 32 Kilometer pro Tag, was zu einem durchschnittlichen Verbrauch von 16 Kilowattstunden auf 100 Kilometern führt.[129]

---

127 Vgl. *Kfz-Auskunft* (2011), o. S.

128 Vgl. Bundesagentur für erneuerbare Energien (2011), o. S.

129 Vgl. *Helmers* (2009), S. 151.

Nach Angaben des Fahrzeugherstellers Renault beträgt der Kaufpreis für den Renault Zoe Z.E. 21.000 Euro.[130] Da für die anderen beiden Fahrzeugmodelle noch keine Kaufpreise vorliegen, werden die Kosten für den Mercedes und den BMW auf Basis von ähnlichen Modellen geschätzt. Daraus ergibt sich für die A-Klasse ein Preis von 30.000 Euro und den BMW i3 ein Preis von 40.000 Euro. Zusätzlich berechnet Renault den Kunden eine Akkumiete von 70 Euro im Monat. Weder BMW noch Mercedes-Benz machen aktuell Angaben zu ihren Batterieservices. Der Stromverbrauch beim Renault Zoe Z.E. liegt bei 13,8 kWh[131], während der Konsum bei der A-Klasse mit 14,1 kWh[132] berechnet wird. BMW hat bislang noch keine Angaben zum Verbrauch des BMW i3 gemacht, weswegen von dem Durchschnittsverbrauch von 16,1 kWh ausgegangen wird. Die jährlichen Vollkosten des Renault Zoe Z.E. liegen mit 5.032 Euro unter denen von Daimler mit 5.786 Euro und des BMW i3 mit 7.126 Euro. Im Vergleich zu den Vollkosten konventioneller Personenkraftwagen kristallisiert sich heraus, dass lediglich die Mercedes A-Klasse als Elektrovariante um 2 Prozent teurer ist. Der BMW i3 ist um 34,23 Prozent teurer und beim Renault Zoe Z.E. sind es 53,96 Prozent. Aus diesem Grund werden die Vollkosten bei der A-Klasse mit 10 Punkten gewichtet, während BMW 8 Punkte erhält. Renault wird mit 6 Punkten bewertet.

Ein ganzheitliches Fahrzeugkonzept bieten sowohl Daimler als auch BMW. Alle drei Fahrzeughersteller bieten bereits Carsharing-Modelle an oder haben diese in Planung. So startete Daimler 2008 das Mobilitätskonzept car2go in Ulm. Die Abrechnung geschieht im Minutentakt zu einem festen Preis. Das Konzept etablierte sich und wurde um neue Standorte[133] erweitert. Zusätzlich entwickelte Daimler den Smart fortwo car2go edition, der an die Bedürfnisse des Carsharings angepasst ist.[134] Ebenso wie Daimler bietet auch BMW ein Mobilitätskonzept an, das auf demsel-

---

130 Ergebnis Experteninterview.

131 Vgl. *Green-Motors* (o. J.), o. S.

132 Vgl. *Alternative Motion* (o. J.), o. S.

133 Zu den Standorten gehören Austin in Texas, Hamburg, Vancouver und Amsterdam.

134 Vgl. *Daimler AG* (o. J.), o. S.

ben Prinzip wie car2go basiert. Das Joint Venture zwischen der BMW Group und dem Automobilvermieter Sixt bietet diesen Service seit April 2011 unter dem Namen DriveNow an.[135] Auch der BMW i3 soll in dieses Fahrzeugkonzept mit integriert werden. Renault hingegen ist bislang nicht an einem Mobilitätskonzept beteiligt. Dennoch kann der französische Automobilhersteller im Gegensatz zu seinen Konkurrenten ein komplettes Fahrzeugkonzept aufweisen.[136] So bietet Renault ein Grundpaket bestehend aus dem Kauf oder der Finanzierung eines Elektroautos sowie einer monatlichen Batteriemiete an, das um Zusatzleistungen[137] erweitert wird. Neben der Standardaufladung über den Energielieferanten RWE bietet Renault einen Batteriewechsel über Wechselstationen an. Im Falle einer leeren Batterie bietet der Autoproduzent darüber hinaus an, das Auto kostenlos abzuschleppen. Daimler kooperiert mit den Energieversorgern EnBW und RWE.[138] BMW ist eine Kooperation mit Vattenfall eingegangen.[139] Die jeweiligen Stromversorger sollen die nötige Ladeinfrastruktur bereitstellen. Über diese zusätzlichen Services bezüglich der Batteriehandhabung sind für BMW und Daimler keine Informationen zu finden. Aus diesem Grund wird angenommen, dass die beiden Fahrzeughersteller solche Angebote (bisher) nicht offerieren. Dies hat zur Folge, dass Daimler und BMW mit jeweils 6 Punkten bewertet werden, während Renault 8 Punkte erhält.

Das einzige Manko bei der Bewertung der Hygienefaktoren ist die niedrige Reichweite der Elektrofahrzeuge. In allen anderen Punkten wie Drehmoment, Interieur und Lautstärke liegen sie auf demselben Level wie ihre konventionellen Konkurrenten. Weiterführend sollte berücksichtigt werden, dass Elektroautos primär als Zweitwagen dienen sollen und die Reichweite aufgrund dessen in den Hintergrund zu stellen ist. Dies führt zu einer Punktzahl von 7 für alle drei Fahrzeughersteller.

---

135 Vgl. *Sixt* (o. J.), o. S.

136 Ergebnis Experteninterview.

137 Zu den Zusatzleistungen gehören Versicherungen, Serviceprodukte, Garantieverlängerungen, die Bereitstellung einer Ladeinfrastruktur sowie Stromverträge.

138 Vgl. *Daimler AG* (o. J.), o. S.

139 Vgl. *Vattenfall* (2011), o. S.

Zur Bewertung des Designs werden wiederum der Renault Zoe Z.E., die Mercedes-Benz A-Klasse E-Cell sowie der BMW i3 herangezogen. Hier zeigt sich, dass Renault und BMW im Vergleich zu Mercedes-Benz die innovativeren Fahrzeugdesigns vorweisen können. Dies schlägt sich in der Bewertung für BMW mit 10 Punkten nieder, während der Renault 8 Punkte erhält. Die Mercedes-Benz A-Klasse E-Cell basiert auf der bisherigen A-Klasse, wofür 2 Punkte vergeben werden.

Zwischen 2009 und 2012 führte Renault umfassende Pilotprojekte in Europa durch. Unter anderem wurden in den deutschen Modellregionen Nordrhein-Westfalen und Hamburg 45 Renault Kangoo Z.E. gefördert. Während der genannten Zeitspanne sind technologische Schlüsselkomponenten[140] der Elektromobilität erprobt worden. Aufgrund der Fahrzeuggröße setzte Renault auf Projekte bei größeren Flotten. Da Renault sich primär auf den europäischen Markt konzentriert, werden Pilotprojekte im außereuropäischen Ausland nicht durchgeführt. Die amerikanischen und asiatischen Märkte soll der japanische Allianzpartner Nissan bedienen. Die Daimler AG führt Pilotprojekte europaweit sowie in den USA und Kanada durch. In den deutschen Modellregionen Berlin/Potsdam sowie Stuttgart wurden neben dem Smart fortwo electric drive auch Modelle der E-Cell Serie geprüft. Darüber hinaus ist der Smart fortwo electric drive ein Teil der Flotte von car2go und kann in Ulm gefahren werden.[141] Während die Produktion des BMW i3 erst 2013 anläuft, führte der bayrische Motorenhersteller Pilotprojekte mit dem Mini E in Berlin durch, welcher zur Flotte von DriveNow gehört und für jeden angemeldeten Benutzer zugänglich ist.[142] Zusammengefasst wirkt sich die Teilnahme an Pilotprojekten positiv aus. Hier profitieren Daimler und BMW von ihren Mobilitätskonzepten, in deren Rahmen das Fahrzeug von einer breiten Masse an potenziellen Käufern getestet werden kann. Dies führt zu einer Benotung von 10 Punkten und 9 Punkten für Daimler und BMW. Der Unterschied von 9 und 10 Punkten begründet sich darin, dass die BMWi-Serie noch

---

[140] Z. B. Elektrofahrzeuge, Ladeinfrastruktur, Netzintegration der Elektrofahrzeuge, Geschäftsprozesse für effektiven sowie umwelt- und kundenfreundlichen Alltagsbetrieb.

[141] Vgl. *Daimler AG* (o. J.), o. S.

[142] Vgl. *Vattenfall* (2011), o. S.

nicht in Produktion gegangen ist und nur der Mini E mit seinen Konkurrenten verglichen werden kann. Renault wird mit 8 Punkten bewertet, weil der Automobilhersteller zwar keine Mobilitätskonzepte anbietet, sich aber bewusst auf den Flottenverkehr konzentriert.

Mit ihrer breiten Produktpalette stellen sich Daimler und Renault für den B2B-Markt gut auf. Mit den Transportern Mercedes-Benz Vito E-Cell und dem Renault Kangoo Z.E. erfüllen sie insbesondere die Ansprüche von Stadtwerken und Kommunen, die ein hohes Interesse an Elektrofahrzeugen aufweisen. Der BMW i3 richtet sich eher an wohlhabende Großstadtbewohner. Somit ist das Konzept nicht für diesen Markt geeignet und wird mit 2 Punkten bewertet, währenddessen Daimler und Renault jeweils 10 Punkte erhalten.

Zuletzt soll der Nachhaltigkeitsaspekt bewertet werden. Hier wird zunächst ein Blick auf die Werbemaßnahmen der Automobilhersteller geworfen. Sowohl Daimler mit dem Smart fortwo Electric Drive[143] als auch BMW[144] sind mit ihren Fahrzeugen in Großstädten präsent. BMW wirbt mit dem Slogan „Born Electric“. Daimler suggeriert dem Kunden die Realisierung von Zukunftsvisionen mit dem Leitsatz „Future has arrived“. Zudem wird beim bayrischen Automobilhersteller das Design besonders betont, indem der BMW i3 die Straßen allein befährt, während sich die konventionellen Autos durch den Großstadtverkehr kämpfen. Ähnlich präsentiert Daimler den Smart fortwo Electric Drive. Darüber hinaus möchte Daimler dem Kunden vermitteln, dass die Erfindung des Elektroautos allen anderen Zukunftsvisionen voraus ist und dass mit dem Elektroauto die Zukunft beginnt. Mit der Werbung für den Renault Kangoo Z.E.[145] differenziert sich der französische Automobilhersteller von seinen Konkurrenten. In dem Werbefilm wird der Wagen als Nutzfahrzeug in alltäglichen Situationen dargestellt. Hier wird der Fahrkomfort in den Vordergrund gestellt. Außerdem werden kleinere Orte gezeigt. Der Werbefilm endet mit der Zusammenkunft verschiedener Menschen in der Natur, die Laternen basteln und diese am Abend in den Himmel steigen lassen. Danach er-

---

143 Vgl. *BBDO* (2011), o. S.

144 Vgl. *BMW* (o. J.), o. S.

145 Vgl. *OmniFurgone* (2011), o. S.

scheint der Slogan Z.E. als auch „Drive the change“. Das Konzept der Nachhaltigkeit wird in allen drei Filmen jedoch nicht ausreichend thematisiert. An dieser Stelle kann Nissan als Beispiel hervorgehoben werden. In der Werbung für den Nissan Leaf wird ein Eisbär gezeigt, der sich in der Großstadt verlaufen hat und am Ende einen Mann umarmt, weil er ein Elektrofahrzeug fährt. Dennoch ist nicht nur die Werbung zu beurteilen. Auch produktspezifische Merkmale gilt es zu bewerten. So verwendet BMW für den i3 Naturfasern und natürlich gegerbte Leder.[146] Daimler erteilt keine Auskunft über produktspezifische Merkmale, weshalb davon auszugehen ist, dass für das Interieur konventionelle Materialien verwendet werden. Dennoch ist mit der Bereitstellung eines Elektrofahrzeuges bei allen Automobilherstellern der Gedanke der Nachhaltigkeit zu identifizieren, was zu einer Bewertung von 6 Punkten bei Renault, von 5 Punkten bei Daimler und zu 7 Punkten bei BMW führt.

Die Ergebnisse der Analyse sind in Schaubild 6 abgebildet. Renault erreicht eine Gesamtpunktzahl von 53 Punkten und liegt somit vor Daimler mit 50 Punkten und BMW mit 49 Punkten.

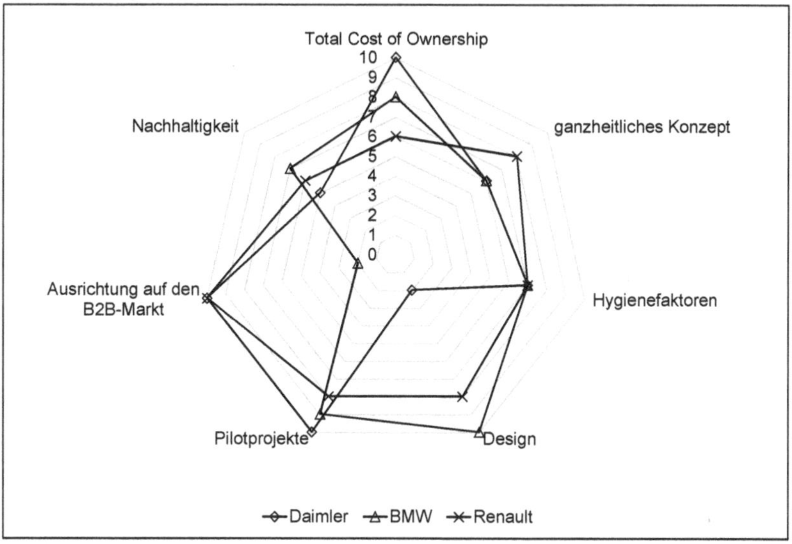

Abbildung 6: Bewertung der Automobilhersteller

---

146 Vgl. *BMW* (o. J.), o. S.

Grundgedanke des vorliegenden Beitrags ist es, die Vermarktungs- und Förderungsmöglichkeiten für die Elektromobilität im Kontext des Innovationsmarketings aufzuzeigen. Da das Innovationsmarketing im Innovationsprozess eine wichtige Querfunktion darstellt, übernimmt es innerhalb der Implementierung neuer Produkte eine Schlüsselfunktion. Dabei werden Produkthersteller vor die Herausforderung gestellt, einen möglichst großen CIA unter Berücksichtigung der Kundenwünsche zu schaffen. Darüber hinaus müssen Produktinnovationen hinsichtlich ihres Erfolges bewertet werden. Aufgrund dessen war es das Ziel, ein Bewertungsmodell für Automobilhersteller und Ländermärkte zu entwickeln, das explizit dazu beiträgt, Stärken und Schwächen der Fahrzeugproduzenten aufzuzeigen, und die Vorbereitung der Nationen für die Elektromobilität evaluiert.

Die Analyse der vier Ländermärkte ergab im Bereich Forschungs- und Entwicklungsarbeit, dass Japan gut gerüstet ist. Die USA und Deutschland investieren an dieser Stelle die geringste Förderungssumme und erhielten daher geringere Punktzahlen. Im Bereich Steuersenkungen waren die USA führend, Deutschland, Japan und China gewährleisteten nur eine Befreiung von den Kraftfahrzeugsteuern und erhielten aufgrund dessen eine niedrigere Bewertung. Punkten konnten alle Länder mit ihren ordnungsrechtlichen Förderungsmaßnahmen. Nachdem die Automobilhersteller BMW, Renault und Daimler in einem ersten Schritt vorgestellt worden sind, wurden auch sie der Bewertungsmatrix unterzogen. Im prozentualen Vergleich hatte Daimler die geringsten TCOs, was mit der Höchstpunktzahl bewertet wurde. Dem Kriterium der Hygienefaktoren konnten alle Hersteller aufgrund der geringen Reichweite der Elektrofahrzeuge nicht entsprechen. Zudem konnte Daimler im Bereich der Ausrichtung auf den Nutzfahrzeugmarkt und bei der Teilnahme an Pilotprojekten ebenso punkten wie Renault. Da die BMW i-Serie noch nicht serienreif ist, verlor BMW Punkte.

Fazit

Derzeit scheinen China und Japan die tonangebenden Märkte für Elektromobilität zu sein, während Deutschland und die USA sich das Mittelfeld teilen. China leistet insbesondere in der Forschungs- und Entwicklungsarbeit einen entscheidenden Beitrag und unterstützt die Fahrzeughersteller darüber hinaus mit Zusatzzahlungen.

Der führende Hersteller für Elektromobilität in unserer Betrachtung des gewählten Marktausschnittes ist momentan der französische Automobilhersteller Renault. Er liegt über den Ergebnissen von BMW und Daimler. Insbesondere in den Bereichen ganzheitliches Fahrzeugkonzept und Ausrichtung auf Nutzfahrzeuge erhielt der Automobilhersteller Renault die meisten Punkte. Zudem passt die neue Zero-Emission-Baureihe in das Markenkonzept von Renault. Dies gelingt auch BMW und Daimler. Alle drei Fahrzeughersteller haben jedoch Schwierigkeiten, den Nachhaltigkeitsaspekt in ihrer Werbung zu positionieren.

Die Elektromobilität steckt noch immer in den Kinderschuhen. Dies beweisen auf der einen Seite die nicht vorhandenen Automobilkonzepte und auf der anderen Seite die bisherigen Vorbereitungen der Versicherungen. Zudem mangelt es an vielen Punkten noch an geeigneten Schnittstellen zwischen den interagierenden Industriezweigen und der Politik. Dennoch bemühen sich die Länder um die erfolgreiche Etablierung von Elektroautos auf dem Markt. Im Gegensatz zu klimapolitischen Aspekten ist es aus wirtschaftlicher Sicht für die Länder zudem enorm wichtig, Leitanbieter und nicht Leitmarkt für Elektromobilität zu werden. Deshalb sollten in erster Linie die Automobilhersteller gefördert werden. Für eine erfolgreiche Vermarktung spielen Förderungssummen für Forschung und Entwicklung langfristig eine wesentliche Rolle. In Kombination mit bestehenden oder sich entwickelnden Kooperationen zwischen den Fahrzeugherstellern können so Skaleneffekte geschaffen werden. Sie stellen ein Potenzial dar, die TCOs zu senken und die erfolgreiche Vermarktung von Elektroautos langfristig zu gewährleisten. Zu beachten ist jedoch, dass neue Kooperationen bestehende andere Kooperationspartner nicht negativ beeinflussen dürfen. Als Beispiel kann hier die Zusammenarbeit zwischen Renault und Daimler genannt werden. Während Renault mit dem japanischen Fahrzeughersteller Nissan und der Daimler AG kooperiert, hat Daimler mit dem chinesischen Batterie- und Automobilhersteller BYD[147] eine Kooperation geschlossen und plant bereits das erste Elektromobil der Shenzhen BYD Daimler New Technology Co. Ltd.[148] Dies ermöglicht auf der einen Seite weitere Entwicklungschancen, stellt auf der anderen Seite aber auch eine direkte Konkurrenz für Nissan dar. Die Zusammenhänge werden in Abbildung 7 veranschaulicht.

Interessant wird jedoch die mittel- bis langfristige Entwicklung auf dem Automobilmarkt für Elektromobilität sein. Je mehr Fahrzeughersteller Elektrofahrzeuge anbieten, desto kleiner wird der Marktanteil für die Automobilproduzenten, desto niedriger aber auch die Total Costs of Ownership. Darüber hinaus wird das Produktportfolio der Automobilhersteller langfristig eine Rolle spielen. So muss es den Produzenten gelingen, ihre Elektrofahrzeuge weiterhin an die Bedürfnisse der Kunden anzupassen. In Anbetracht der Tatsache, dass ein zunehmendes Interesse von Kommunen besteht, scheint ein breites Produktportfolio hier geeigneter, weil sowohl Klein- als auch Großfahrzeuge benötigt werden und mit den Herstellern entsprechende Großkundenverträge abgeschlossen werden können. Die weitere Entwicklung auf dem weltweiten Automobilmarkt darf mit Spannung verfolgt werden.

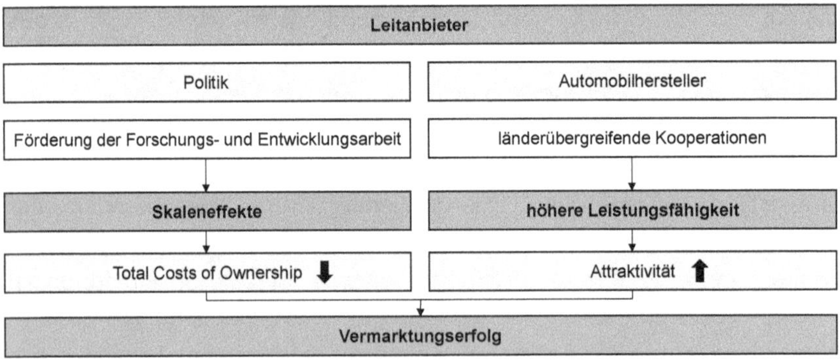

Abbildung 7: Langfristige Vermarktungsstrategie

---

147 Build Your Dreams.

148 Vgl. *Zöllter* (2011), S. 2.

Literaturverzeichnis

BBDO (2011): smart fortwo electric drive, Future has arrived.

Becker, H. (2010): Darwins Gesetz in der Automobilindustrie, Warum deutsche Hersteller zu den Gewinnern zählen.

Black & Veatch (2011): Renewable Resource Integration, IEP association annual meeting, Fallen Leaf Lake.

BMW Group (o.J.): Unternehmensprofil.

BMW i (o.J.): Konzept BMW i, www.bmw-i.de.

Böttcher, K./Sachse, J. (2008): Umweltgerecht fahren, München.

Bradsher, K. (2009): China vies to be World's leader in Electric Cars. In: *New York Times*, 02.04.2009, S. 1.

Breitinger, M. (2011): Großer Messeglamour – und Furcht vor der Krise, www.zeit.de.

Brockhoff, K. (1999): Forschung und Entwicklung, Planung und Kontrolle, 5. Auflage, München.

Bundesagentur für erneuerbare Energien (2011a): Grafik-Dossier: Strompreis 2011 und Stromkosten privater Haushalte.

Bundesagentur für erneuerbare Energien (2011b): Der Strommix in Deutschland im Jahr 2010.

Bundesministerium für Wirtschaft (2009): Schlaglichter der Wirtschaftspolitik, Monatsbericht Februar 2009, Berlin.

Bundesregierung (2011): Regierungsprogramm Elektromobilität, Berlin.

BW^e mobil (2010): Strukturstudie BW^e mobil, Baden-Württemberg auf dem Weg in die Elektromobilität, Stuttgart.

CARB (2009): California's Zero Emission Vehicle Program, June 2009, Sacramento.

Cooper, R. (1979): The dimensions of industrial new product success and failure. In: *Journal of Marketing*, 43. Ausgabe, S. 93-103.

Credit Suisse Equity Research (2009): European Automakers, Brokerreport, Zürich.

Daimler AG a (o.J.): Null Emission, volle Emotion: Elektromobilität bei Daimler.

Daimler AG b (o.J.): car2go.

Department of Energy (2009): President Obama Announces $2.4 Billion in Grants to Accelerate the Manufacturing and Deployment of the Next Generation of U.S. Batteries and Electric Vehicles.

Diehlmann, J./Häcker, J. (2010): Automobilmanagement. Die Automobilhersteller im Jahre 2020, München.

Diez, W. (2006): Automobilmarketing. Navigationssystem für neue Absatzstrategien. Landsberg am Lech.

Ergenzinger, R./Krulis-Randa, J. (2000): Marketing-Innovation als Kern des Transformationalmarketing in der Zeit der Globalisierung. In: *Berndt, R.* (Hrsg.): Innovatives Management. Berlin, Heidelberg, New York. S. 223- 242.

Goldmann, G./Zinsig, J. (2010): Alternative Kraftstoffe in Deutschland, In: *Goldmann, G./Grothe, A./Madruga, K./Odebrecht, C.* (Hrsg.): Nachhaltigkeit im Vergleich:

Deutschland und Brasilien, Stand, interkulturelle Unterschiede und Perspektiven, Berlin, S. 257-266.

Griffith Lieuallen, G. (2008): Basic Federal Income Tax, New York.

Hau, R. (2007): PONS Wörterbuch für Schule und Studium, Latein – Deutsch, rund 90000 Stichwörter und Wendungen, Stuttgart.

Hauber, R. (2002): Performance measurement in der Forschung und Entwicklung, Konzeption und Methodik, Wiesbaden.

Haunerdinger, M. /Probst, H. (2006): BWL visuell, Basiswissen für Fortbildung und Praxis, Berlin.

Helmers, E. (2009): Bitte wenden Sie jetzt. Das Auto der Zukunft, Weinheim.

Kuhn, B. (2010): EU-Leitfaden für Unternehmen. Die Vorgaben der Europäischen Union optimal nutzen, Wiesbaden.

Japan Automobile Manufacturers Association (2009): Japan's measures to withstand impact of global crisis on its automotive industry, JAMA shares at the 4th Indonesia International Automotive Conference.

Japan Automobile Research Institute (2003): Incentives for EV and HEV, Shirasato.

Joppich, M. (2010): Wettbewerbsstrategien für neue Produkte und neue Märkte, Grundlagen und Instrumente für zielgerichtete Investitionen mit der Produktpositionsanalyse, Münster.

Kfz-Auskunft (2011): Autokredit online berechnen.

Kotler, P./Keller, K./Bliemel, F. (2007): Marketing-Management, Strategien für wertschaffendes Handeln, 12. Auflage, München.

Lentrodt, A./ Hane, W. (2009): Durchführung eines Benchmarking-Projektes. In: *Mertins, K./ Kohl, H.* (Hrsg.): Benchmarking, Leitfaden für den Vergleich mit den Besten, 2. Auflage, Düsseldorf.

Meffert, H./Burman, C./Köhler, R. (2010): Internationales Marketing-Management. Ein markenorientierter Ansatz, 4. Auflage, Stuttgart.

Mikko, K./Markus, T.(2010): Electric Vehicles.

Mirow, M. (2003): Führung als Kernkompetenz internationaler Unternehmen. In: *Matzler, K./Pechlaner, H./Renzl, B.* (Hrsg.): Werte schaffen, Perspektiven einer stakeholderorientierten Unternehmensführung, Wiesbaden, S. 401-424.

Motavalli, J. (2010): China to subsidize electric cars and hybrids.

Nationale Plattform Elektromobilität (2011): Zweiter Bericht der Nationalen Plattform Elektromobilität, Berlin.

Oliver Wyman (2011): 2015 car innovation. Innovationsmanagement in der Automobilindustrie.

OmniFurgone (2011): Renault Kangoo Z.E.

Pleschak, F./Sabisch, H. (1996): Innovationsmanagement, Stuttgart.

Reichwald, R./Piller, F. (2009): Interaktive Wertschöpfung. Open Innovation , Individualisierung und neue Formen der Arbeitsteilung, 2. Auflage, Wiesbaden.

Ries, A./Trout, J. (2000): Product Positioning, The Battle for your mind, How to be seen and heard in the overcrowded market place. New York.

Renault (2010a): Annual Report 2010

Renault (o.J. b): Renault-Nissan BV Organisation

Renault (2010c): Renault-Nissan Allianz schließt Kooperation mit Daimler AG

Robert Bosch GmbH (2005): Ottomotormanagement, Systeme und Komponenten, Neu: Bifuel Motoric, 3. Auflage. Wiesbaden.

Roland Berger Strategy Consultants (2010): Electric Vehicles in America, The question is no longer „whether" they will come but „how fast" and „where first". Troy.

Schneidewind, U./Scheck, H. (2011): Zur Transformation des Energiesektors – Ein Blick aus der Transition-Forschung. In: *Servatius, H./Schneidewind, U./Rohlfing, D.* (Hrsg.): Smart Energy, Wandel zu einem nachhaltigen Energiesystem, S. 45-62.

School of Public and Environmental Affairs Indiana University (2011): Plug-In Electric Vehicles, A practical plan for progress, The Report of an Expert Panel. Bloomington.

Shirouzu, N. (2010): China spooks automakers, Foreign Companies fear New Rules on Electric Cars Will Erode Intellectual Property.

Simon, B. (2010): Sparks fly as Volt and Leaf pick up speed. In: Financial Times, 21.09.2010, S. 20.

Sixt (o.J.): Unsere Pressemitteilung zu DriveNow: BMW Group und Sixt AG gründen Joint Venture DriveNow für Premium Car Sharing.

Spiegel, U./Chytka, H. (2007): Die Automobilbranche, Produktinnovationen am Kunden orientiert entwickeln. In: *Naderer, G./Balzer, E.* (Hrsg.): Qualitative Marktforschung in Theorie und Praxis. Grundlagen, Methoden und Anwendungen, Wiesbaden, S. 571-580.

Steinbauer, D. (2009): Markt- und Trendforschung als Instrumente strategischer Planung verdeutlicht am Fallbeispiel der Gastronomie, 2. Auflage, Hamburg.

Stummer, C./Günther, M./Köck, A. (2010): Grundzüge des Innovations- und Technologiemanagements, 3. Auflage, Wien.

Tang, R. (2009): The rise of China's auto industry and its impact on the U.S. motor vehicle industry, Washington.

Trommsdorf, V./Steinhoff, F. (2007): Innovationsmarketing, München.

Ulrich, J. (2010): Is a Shift Underway in China's Coal-IPP Dynamic? In: J.P. Morgan's Hands-On China, Januar 2010, S. 1-3.

U.S. Energy Information Administration (2011): Country Analysis Briefs Japan, www.eia.gov.

Vattenfall (2011): MINI E Berlin powered by Vattenfall, www.vattenfall.de.

Vijayenthiran, V. (2010): Chinese Government Pledges $15 Billion For Support Of 'Green' Cars.

Winkelmann, P. (2010): Marketing und Vertrieb, Fundamente für die marktorientierte Unternehmensführung, 7. Auflage, München.

Wüste, M. (2010): Innovations- und Nachhaltigkeitsstrategien in der Automobilindustrie. Der Einfluss des Marktes auf die Entwicklung alternativer Antriebe, Hamburg.

Yay, M. (2010): Elektromobilität, Theoretische Grundlagen, Herausforderungen sowie Chancen und Risiken der Elektromobilität, diskutiert an den Umsetzungsmöglichkeiten in die Praxis, Frankfurt am Main.

Zollondz, H. (2006): Grundlagen Qualitätsmanagement, 2. Auflage, München.

Zöllter, J. (2011): Daimler baut mit BYD ein Elektroauto, faz.net.

Der Übergang zur Elektromobilität am Beispiel China

Patrick Bieg/Holger Benad/Carsten Rennhak

Die fossilen Brennstoffe Erdöl und Erdgas, die die Grundlage der heutigen Mobilität darstellen, verknappen sich veranlasst durch die sich ständig erhöhende Nachfrage[1] bei begrenzten Vorkommen zunehmend. Die maximale weltweite Erdölfördermenge, Peak Oil, wurde vermutlich bereits im Jahre 2010 erreicht.[2] Nach Annahmen der *Bundeswehr* ist das Ölfördermaximum bei 90 Prozent aller ölfördernden Staaten bereits erzielt oder wird bis zum Jahr 2015 erzielt werden.[3] Die Fördermengen sind von 2008 bis 2011, vor allem bedingt durch die rapide steigende Nachfrage aus den BRIC-Staaten, um 7,2 Prozent auf 89,2 Millionen Barrel pro Tag angestiegen.[4] Von der gesamten Fördermenge findet ungefähr die Hälfte Verwendung in der Herstellung von Kraftstoffen, etwa 10 Prozent der Fördermenge entfällt auf die Mobilität.[5] Die Rohölpreise für die in Europa wichtige Sorte Brent stiegen von 71,93 Euro[6] im Jahr 2008 auf 85,87 Euro[7] im Jahr 2011.[8] Nicht nur die Verknappung des Erdöls stellt ein „systematisches Risiko“ dar, sondern auch die erhöhten Preissteigerungen, da von preiswertem Erdöl die „Funktionalität großer Teile heutiger Wirtschafts- und Gesellschaftssysteme abhängt“.[9] Der Verbrauch der fossilen

---

1 Von 2010 bis 2035 um ein Drittel im Vergleich zu 2010, vgl. *International Energy Agency* (2011c).

2 Vgl. *Energy Watch Group* (2008), S. 12.

3 Vgl. *Bundeswehr* (2011), S. 22; *Energy Watch Group* (2008), S. 11.

4 Vgl. *International Energy Agency* (2011b).

5 Vgl. *Bundeswehr* (2011), S. 13.

6 Entspricht dem Originalwert von 96,94 US-Dollar, Umrechnungskurs: 1 US-Dollar = 0,742 Euro, Stand: 01.12.2011.

7 Entspricht dem Originalwert von 115,61 US-Dollar, Umrechnungskurs: 1 US-Dollar = 0,742 Euro, Stand: 01.12.2011.

8 Stand 08.11.2011, *United States Energy Information Administration* (2011a), *United States Energy Information Administration* (2011b).

9 *Bundeswehr* (2011), S. 13.

Brennstoffe und die damit verbundenen Kohlenstoffdioxid-Emissionen schaden der Umwelt und dem Weltklima nachhaltig. Direkte Folgen sind unter anderem der Klimawandel und die Erderwärmung.[10] Die Luftverschmutzung in städtischen Gebieten verursacht weltweit nach Schätzungen der *World Health Organization* ca. 1,3 Millionen Todesfälle jährlich und gilt als eine der Hauptrisiken für die Gesundheit.[11] Die steigende Nachfrage nach mehr Mobilität für die Bevölkerung, insbesondere aus China und anderen ostasiatischen Ländern, wird diese Probleme in Zukunft noch intensivieren.

Die Elektromobilität lässt aufgrund der derzeitigen Batterie-Technologien und ihrer Kapazitätsprobleme bisher noch keinen Antriebswechsel zu.[12] Ziel ist es daher, kurz- bis mittelfristig die vorhandenen Antriebstechnologien sukzessiv mithilfe der Nutzung von alternativen Antriebskonzepten abzuschaffen. Ein weiterer hervorzuhebender Punkt für die Nutzung der Übergangstechnologien ist die Emission von Schadstoffen, die gerade bei fossilen Technologien in Europa stark reglementiert ist.[13]

Die vorliegende Ausarbeitung analysiert alternative Antriebstechnologien (insbesondere die Technologie Flüssiggas) als Übergangsmöglichkeit zur Elektromobilität, beispielhaft ausgearbeitet an der Volksrepublik China. Das Land entwickelte sich innerhalb der letzten Jahre zu einem der größten Verbraucher und Importeure von fossilen Brennstoffen[14], um den Anforderungen der rasant wachsenden Wirtschaft und der damit verbundenen steigenden individuellen Mobilität des Volkes gerecht zu werden. Bei all diesen Anstrengungen wurde gleichzeitig auch der Umstieg auf alternative Energien gefördert, zum Beispiel mit Anreizen zum Kauf von Elektrorollern oder Hybridfahrzeugen. Da in absehbarer Zeit allerdings durch fehlende Technologie kein vollständiger Wechsel hin zur Elektromobilität oder anderen Antriebsformen, die auf regenerativen Energien basieren, stattfinden kann, wird China, gemessen am derzeitigen Rohstoffver-

---

10 Vgl. *European Comission* (2011), S. 1 und S. 3.

11 Vgl. *World Health Organization* (2011).

12 Vgl. *Deutsche Bank Research* (2011a), S. 1.

13 Vgl. *Europäische Union* (2007b).

14 Vgl. *International Energy Agency* (2010a).

brauch, bald vor einem Problem stehen. Bei weiter stetig ansteigendem Verbrauch der Rohstoffe wird sich das Wirtschaftswachstum aufgrund der Rohstoffpreise stark abschwächen und mittelfristig gefährdet sein.

Aus diesem Grund werden unter Berücksichtigung der wirtschaftlichen und politischen Rahmenbedingungen Chinas Szenarien erstellt, die eine mögliche zukünftige Entwicklung des Automobilmarktes und die Einführung von alternativen Antriebskonzepten skizzieren. Die Rahmenbedingungen des ersten Szenarios orientieren sich an den bisherigen Handlungen der Regierung und geben den wahrscheinlichsten Verlauf wieder. Das zweite Szenario hingegen stellt eine optimierte Prognose dar. Eine Bewertung sowie daraus resultierende Handlungsempfehlungen für den chinesischen Automobilmarkt werden ebenfalls beschrieben, wie auch ein Worst-Case-Szenario, das die derzeitigen Risiken für den Automobilmarkt in China beschreibt.

Die landesspezifischen Rahmenbedingungen in China

Eine während der Ausarbeitung durchgeführte Länderanalyse hat gezeigt, dass China den Wandel hin zur Elektromobilität innerhalb des aktuellen Fünf-Jahres-Planes vollziehen will, aber auch, dass derzeit die Probleme noch überwiegen. Den Förderprogrammen und Kaufanreizen für Fahrzeuge mit alternativen Antrieben stehen ungelöste Probleme in der Batterietechnologie gegenüber. Auch muss die Undurchsichtigkeit der Förderprogramme bemängelt werden. Trotz klarer Richtlinien und Einhaltung dieser werden die Produkte von einigen ausländischen Automobilherstellern nicht gefördert. Andere Förderungen geben eine maximale Förderhöhe an, ohne jedoch die genauen Kriterien für die Abstufungen im Förderbetrag zu veröffentlichen. So erscheint die Förderung für den Kauf eines Fahrzeuges mit alternativem oder verbrauchsarmen Antrieb oft willkürlich und nicht nachvollziehbar. Ein weiteres Problem stellt der Fünf-Jahres-Plan dar, der nur die grobe Ausrichtung der Industrie bestimmt, jedoch nicht die Ausprägungen in den Regionen koordiniert. In Peking soll auch durch Neugründung von Automobilherstellern oder Untermarken ein neues Konglomerat entstehen, das vor allem im Bereich der Elektromobilität aktiv sein soll. Inwieweit es hier zu Marktverzerrungen, insbesondere gegenüber ausländischen Herstellern, kommt, ist noch nicht abzusehen. Es ist anzunehmen, dass der Aufbau und die angestrebte Marktführerschaft in allen alternativen Technologien sowie der Elektromobilität großzügig subventioniert wird und auch unerwünschte Wissenstransfers innerhalb Joint Ventures zu den chinesischen Partnern stattfinden werden.

Bei der Bevölkerung steigt zukünftig ebenfalls die Nachfrage nach Pkw, bedingt durch die Urbanisierung sowie die damit verbundenen Einkommenssteigerungen. Größere, entwickelte Städte wie Peking oder Shanghai werden weiterhin Maßnahmen erlassen müssen, um den Verkehr zu beschränken. Negativ fällt hierbei auf, dass die Ausgaben für den öffentlichen Verkehr zwar steigen, die Anzahl der Nutzer von innerstädtischen Transportmitteln jedoch abnimmt und sich der Trend zur individuellen Mobilisierung verstärkt.

Für die untersuchten Regionen und Städte lassen sich folgende Annahmen treffen:

In *Peking* werden zukünftig aufgrund der Zulassungsbeschränkung weniger Pkw verkauft, diese allerdings in einem höheren Preissegment bedingt durch die zunehmenden Steigerungen der Einkommen. Niedrigere Einkommensschichten werden weniger Pkw kaufen, da noch mit weiteren Sondersteuern für Pkw-Besitzer gerechnet werden muss. Auch der Unterhalt der Pkw verteuert sich aufgrund mangelnder Stellplätze. Profitieren werden hauptsächlich europäische Hersteller von Luxuslimousinen, die vermehrt als Zweit- oder Drittwagen gekauft werden.

In *Shanghai* wird die Entwicklung ähnlich wie in Peking der letzten Jahre verlaufen, da in Shanghai bereits ein starker Anstieg des Verkehrs zu verzeichnen ist. Allerdings sind, bei gleichem Durchschnittseinkommen wie in Peking, mehr Pkw als Zweit- oder Drittwagen zugelassen. Es ist anzunehmen, dass insbesondere die Mittelschicht noch nicht ausreichend motorisiert ist. Peking weist hier als Vergleich fast doppelt so viele Pkw auf 100 Haushalte auf. Durch gezielte Förderungen besteht Potenzial, insbesondere die Mittelschicht zum Kauf von Pkw chinesischer und ausländischer Hersteller zu bewegen. Wichtig ist auf ein moderates Wachstum des Pkw-Marktes in Shanghai zu achten, um einen Verkehrskollaps und die Emissionsbelastungen, wie sie in Peking herrschen, zu vermeiden.

Die Stadt *Chongqing*, deren Bewohner in China nach dem Einkommen in der oberen Mittelschicht angesiedelt sind, ist mit ca. 5 Pkw pro 100 Haushalte deutlich untermotorisiert. Dies liegt zum Teil an dem weitläufigen Stadtgebiet sowie der vergleichsweise[15] niedrigen Urbanisierungsrate von 51 Prozent. Chongqing ist mit ca. 28 Millionen Einwohnern eine der größten Städte der Welt und bietet so ein enormes Marktpotenzial für den Automobilbereich. Im Zuge der Aufnahme in das Programm für Niedrigemissionsstädte der chinesischen Zentralregierung sollten insbesondere grüne Technologien gefördert werden. Aufgrund der Einkommensstruktur in Chongqing sowie des ansässigen Automobilherstellers Chang'An[16] ergibt sich hier eine Chance bei der Produktion von kleinen Fahrzeugen für den Stadtverkehr. Im Vergleich zu den Einkommen stiegen die Zulassungszahlen in Chongqing bisher unterdurchschnittlich an. Ein Problem könnte der zusätzliche Treibstoffbedarf darstellen, da Chongqing nicht auf der Route der Haupt-Pipeline für Öl- und Gasimporte liegt. Dies ist jedoch gesondert zu analysieren.

Die *Hebei-Provinz* bildet von den statistischen Daten den Durchschnitt aller Verwaltungseinheiten ab. Die Region profitiert durch ihre Lage um Peking von den gestiegenen Immobilienpreisen und den Verordnungen zum Umweltschutz in Fabriken durch die Pekinger Stadtregierung als auch durch die Abwanderung der Industrien aus Peking. Das Durchschnittseinkommen in der Hebei-Provinz entwickelt sich prozentual betrachtet analog dem chinesischen Durchschnittseinkommen, liegt jedoch in der Summe um 14 Prozent niedriger. Die Nähe zu den Wirtschaftszentren Peking und Tianjin garantiert weiterhin das Wachstum der Provinz. Momentan sind pro 100 Haushalte knapp über zehn Pkw vorhanden. Bei gleicher Einkommensstruktur sind dies doppelt so viele wie in Chongqing. Gründe hierfür könnten vor allem die Fläche der Provinz und die Größe der Städte sein. Des Weiteren beschränkt sich der Personennahverkehr innerhalb der Städte auf Busse. Somit wächst mit den steigenden Ein-

---

15 Im Vergleich zu Peking oder Shanghai.

16 Eigentümer von Chang'An ist die Stadt Chongqing.

kommen auch der Wunsch nach individueller Mobilität. Aufgrund der vergleichsweise geringen Umweltverschmutzung sowie dem gut ausgebauten Straßennetz und den wenigen zugelassenen Pkw ist die Bereitschaft der Bevölkerung gering, ein Auto mit alternativem Antrieb zu kaufen. Dies ist auch im Verhalten der Provinzregierung begründet, die bisher keine Förderungsmaßnahmen eingeleitet hat oder an einem Förderungsprogramm der Zentralregierung teilnimmt. Profitieren werden von der aktuellen Politik vor allem chinesische Hersteller, die ihre Produkte im unteren Preissegment positionieren.

Bewertung der Übergangstechnologie LPG

Die Entwicklung von Szenarien insbesondere bezogen auf die Übergangstechnologie Flüssiggas bezieht neben den betrachteten Regionen ebenso die Technologie selbst mit ein. Die Analyse wurde insbesondere vor Ort vorgenommen, um eine neutrale Bewertung des derzeitigen Ist-Zustandes in China zu erreichen. In einem ersten Schritt wurden verschiedene Autohäuser in Peking aufgesucht, um sich über die auf dem chinesischen Markt erhältlichen Modelle zu informieren. Im zweiten Schritt wurden mit dem Ziel, Abweichungen festzustellen, die Preise für diese Modelle mit den Verkaufspreisen in Deutschland verglichen. Um sich ein besseres Bild der Gesamtsituation des chinesischen Automobilmarktes zu machen und um relevante Eckdaten zu erfassen, wurde eine Expertenbefragung vorgenommen. Die Ergebnisse aus der Länderanalyse, der Analyse der Marktpreise der Pkw und der Expertenbefragung bilden die Grundlage für die Erstellung von Szenarien.

Vergleicht man nun die am Markt erhältlichen Pkw, ist davon auszugehen, dass sich der Großteil der chinesischen Automobilhersteller weiterhin im günstigen Preissegment bis ca. 17.500 Euro[17] positioniert. Außer des Herstellers BYD ist derzeit kein chinesischer Hersteller in der Lage, ein Pkw mit alternativem Antrieb anzubieten.[18] Daher fiel die Entscheidung,

---

17 In Originalwährung wird von 150.000 RMB ausgegangen.

18 *BYD* bietet mit dem Modell *BYD e6* einen Elektro-Pkw an, mit dem Modell *S6DM* einen *Plug-In*-Hybrid mit *Range Extender*.

nur ausländische Hersteller bzw. Joint Ventures in die Auswahl für einen Preisvergleich aufzunehmen.

Es werden die größten deutschen Automobilhersteller nach Absatz in China, Volkswagen und Audi, sowie der US-Hersteller Ford und der derzeitig einzige Anbieter eines Full-Hybrid Pkw, der japanische Autohersteller Toyota, betrachtet. Für die Befragung wurden jeweils die größten Niederlassungen in Peking ausgewählt. Kein Autohersteller konnte zum Zeitpunkt der Befragung[19] einen Pkw mit LPG-Antrieb anbieten. Nach Aussagen der Verkäufer in den Autohäusern besteht auch keine Nachfrage gegenüber Pkw mit LPG-Antrieb. Der einzig alternative Antrieb findet sich in dem Modell Prius von Toyota. Bei der Auswertung der Ergebnisse ist zu berücksichtigen, dass in China Pkw meist nur in drei verschiedenen Ausstattungsvarianten angeboten werden – niedrig, mittel und hoch.[20] Die deutschen Preise sind Schätzpreise basierend auf den deutschen Listenpreisen für die in den chinesischen Autos verbauten Ausstattungen. Abweichungen gibt es unter anderem aufgrund des Schlechtwegefahrwerkes, welches in China serienmäßig ohne Aufpreis verbaut ist, in Deutschland aber je nach Hersteller in etwa 500 Euro Aufpreis kostet. Ein weiterer Unterschied ist die Luxussteuer in China, die beim Kauf von Pkw erhoben wird, als auch die Kaufsteuer, die gesondert 10 Prozent des Listenpreises ausmacht. Verglichen wurden gleiche Modelle mit gleichen Ausstattungsvarianten und gleichen Motoren.[21] Die Pkw wurden jeweils nach Typ geordnet, in niedrigster Ausstattung und kleinstem Motor sowie in höchster Ausstattung mit größtem Motor. Als Importfahrzeug wurde der Audi A8l aufgenommen, um den Preisunterschied durch den Importzoll aufzuzeigen. Da die Befragung der Händler Anfang September 2011 durchgeführt wurde und die Preise noch aus den Preislisten von August 2011 sind, wurden die Preise zum Durchschnittswert des Wechselkurses von August 2011 in Euro umgerechnet. Da der Euro mittlerweile gegenüber dem RMB

---

19 September 2011.

20 Bezeichnungen können je nach Hersteller abweichen, z. B. *Basic*, *Ambiente*, *Elegance*.

21 Für Deutschland wurden die Preise für eine vergleichbare Ausstattung anhand der Zusatzoptionen auf der Preisliste berechnet.

stark abgewertet hat, ist die Preisdifferenz zum 01. Dezember 2011 als zusätzliche Information aufgenommen worden.

Die Preise für Einstiegsmodelle bei deutschen Herstellern beginnen bei umgerechnet 9.500 Euro für einen Volkswagen Jetta, basierend auf dem VW Jetta II aus dem Jahre 1984. Das Auto verfügt bei diesem Preis über eine Klimaanlage und Lederausstattung, was auf dem chinesischen Markt üblich ist. Das nächstgrößere Auto ist der Volkswagen Golf mit einem aufgeladenen 1,4l TSI Motor und Direktschaltgetriebe (DSG), welcher in China für umgerechnet 18.450 Euro verkauft wird, in Deutschland liegt er bei gleicher Ausstattung um 1.900 Euro oder neun Prozent höher bei 20.000 Euro. Qualitativ befinden sich die Fahrzeuge in China und Deutschland auf ungefähr demselben Niveau, da in China bei Volkswagen und Audi mit deutschen Produktionsanlagen und nach deutschen Qualitätsstandards produziert wird. Der Preisunterschied verdreifacht sich auf umgerechnet ca. 6.000 Euro, wenn das in China erhältliche Topmodell Golf GTI in gehobener Ausstattung betrachtet wird. Die anderen Preisunterschiede verhalten sich ähnlich, die in China hergestellten Pkw sind 4 bis 39 Prozent billiger als in Deutschland. Eine Ausnahme ist der Volkswagen Passat CC, der um zwei Prozent teurer ist, sowie sämtliche Audi-Modelle, ausgenommen der A6L 2.0 TFSI. Allerdings ist hier nur eine eingeschränkte Vergleichbarkeit gegeben, da auf dem deutschen Markt keine Langversionen angeboten werden. Aufgrund des Importzolls ist der Audi 8L 3.0 TFSI quattro in Deutschland um rund 86 Prozent oder 70.000 Euro günstiger zu beziehen. Der amerikanische Hersteller Ford bietet das Modell Ford Focus 1.8l bereits in geringer Ausstattungsvariante für umgerechnet 11.391 Euro an, andere Ausstattungsvarianten sind allerdings derzeit nicht lieferbar. Das deutsche Modell, mit 1,6l Motor ausgestattet, kostet bereits 18.350 Euro, was einem Preisunterschied von knapp 7.000 Euro oder 38 Prozent entspricht. Der einzige auf dem chinesischen Markt erhältliche Full-Hybrid Pkw, Toyota Prius, ist in China derzeit rund vier Prozent teurer und kostet umgerechnet 30.304 Euro. In Deutschland sind laut Liste für das gleiche Modell 29.050 Euro zu bezahlen.

Gründe für die Preisunterschiede sind außer den Wechselkursen insbesondere die Lohnkosten und die Lohnnebenkosten. Die Arbeitskosten fallen in China mit 1 Euro[22] pro Stunde im Vergleich zu Europa mit 31,16 Euro[23] pro Stunde um 96 Prozent geringer aus, im Vergleich zu Deutschland mit 35,61 Euro[24] pro Stunde sind es sogar 97 Prozent.[25] Sollten die Löhne weiter steigen, wird auch ein stärkerer Anstieg der Arbeitskosten erwartet, der sich insbesondere beim Endkunden bemerkbar machen wird. Aufgrund der Sourcing-Politik der chinesischen Zentralregierung, die darauf abzielt, alle Zulieferprodukte möglichst in China herzustellen, und den mit dem Import verbundenen Zöllen[26] kann auch nicht mit einer Kompensation der Kosten durch Bezug von Teilen aus kostengünstigeren Nachbarländern gerechnet werden. Auch bei gleichbleibenden Löhnen wird von einem Anstieg der Arbeitskosten ausgegangen, da die chinesische Zentralregierung mehr Arbeitern einen Zugang zur Sozialversicherung ermöglichen möchte.[27] Vorerst wurden nur die Beitragssätze der Arbeitgeber und Arbeitnehmer angepasst[28]. Ein White-Paper[29] der chinesischen Regierung kündigte jedoch im Oktober 2011 eine umfassende Reformierung an.

Eine Expertenbefragung als Basis für mögliche Szenarien

Einer realistischen Szenarienentwicklung des Automobilmarktes geht neben der theoretischen Analyse des Landes ebenfalls eine Expertenbefragung voraus, um eine möglichst realistische Einschätzung über den chinesischen Automobilmarkt zu bekommen. Insgesamt wurden 40 Universitäten, chinesische und deutsche Unternehmen, Regierungsbehörden, Automobilverbände und die deutsche Gesellschaft für Außenwirtschaft und

---

22 Entspricht einem Originalwert von 1,36 USD.

23 Entspricht einem Originalwert von 42 USD.

24 Entspricht einem Originalwert von 48 USD.

25 *Bureau of Labor Statistics* (2011b) und *Bureau of Labor Statistics* (2011a).

26 Importzölle: 10% auf importierte Teile, 25% auf importierte Teile, wenn diese 60% oder mehr der Wertschöpfung des KFZ generieren. Vgl. *China Internet Information Center* (2008).

27 Vgl. *Chinese Government* (2011a).

28 Vgl. *KPMG* (2011).

29 Vgl. *Chinese Government* (2011b).

Standortmarketing (GTAI) in China angeschrieben, von denen acht verschiedene Unternehmen und Institutionen ausführliche Antworten und Daten bereitgestellt hatten.

Die befragten Unternehmen sind mehrheitlich der Meinung, dass nur die Kundengruppe mit einem durchschnittlichen Jahreseinkommen zwischen 100.000 RMB und 750.000 RMB (11.655 bis 87.412 Euro) ein Auto mit alternativem Antrieb kaufen würde. Die Zielgruppe lässt sich in der Kaufentscheidung hauptsächlich durch finanzielle Anreize oder durch gesetzliche Bestimmungen beeinflussen. Umweltaspekte oder Statusaspekte sehen die befragten Unternehmen als nicht relevant an. Als finanzielle Anreize werden mehrheitlich geringere Kosten bei Wartung und Unterhalt (insbesondere Benzinverbrauch) als ausschlaggebend für die Kaufentscheidung gesehen. Als Alternative werden Einmalzahlungen beim Kauf eines Pkw angegeben. Eine geringere Kraftfahrzeugsteuer oder ein reduzierter Mehrwert- oder Luxussteuersatz bei Pkw mit alternativen Antrieben werden als wirkungslos betrachtet. Sollten die Benzinpreise in Zukunft weiter ansteigen, werden die chinesischen Firmen Fahrzeuge mit alternativem Antrieb als Versuchsfahrzeuge kaufen. Allerdings wird davon ausgegangen, dass maximal 25 Prozent der vorhandenen Fahrzeugflotte mit alternativen Energien ausgestattet sein wird. Generell betrachtet sind chinesische Unternehmen daran interessiert, ihren Flottenverbrauch zu senken. Zwei Teilnehmer sind der Ansicht, dass Unternehmen bereits jetzt versuchen, ihren Kraftstoffverbrauch zu senken. Zwei weitere Teilnehmer sind allerdings auch der Ansicht, dass nur Statistiken über den Kraftstoffverbrauch geführt werden, allerdings ohne konkrete Maßnahmen zu ergreifen.

Als die zukunftsfähigste Übergangstechnologie innerhalb der nächsten fünf Jahre betrachten sechs Teilnehmer den Hybrid-Antrieb, zwei Teilnehmer die Brennstoffzelle. Alle anderen Technologien, auch LPG, wurden von den Teilnehmern als nicht durchsetzungsfähig betrachtet. Bei LPG liegt dies vor allem an der Bekanntheit. Fünf Teilnehmer sind der Ansicht, dass bei weniger als 10 Prozent der chinesischen Autofahrer LPG bekannt ist, zwei Teilnehmer gehen von einem Bekanntheitsgrad zwischen 10 und 20 Prozent aus, ein Teilnehmer von 20 bis 30 Prozent. Als weiteres Problem sehen die Befragten die Versorgung mit Erdgas, da

China derzeit Netto-Importeur von Erdgas ist.[30] Das Hauptproblem der Versorgung besteht in der Infrastruktur, die 87 Prozent der Teilnehmer als „nicht bereit" für die flächendeckende Einführung von LPG sehen.

Interessant ist, dass die Einführung von Kennzeichen, deren Gültigkeit auf bestimmte Tage beschränkt ist[31], als wirkungslose Maßnahme gegen den zunehmenden Verkehr auf chinesischen Straßen betrachtet wird. Auch eine niedrigere Steuer auf Personen ohne Kfz oder die in Peking eingeführte Beschränkung bei der Vergabe von Kraftfahrzeugkennzeichen wird als fast wirkungslos betrachtet. Der Ausbau des öffentlichen Personennahverkehrs wird von sechs der acht Teilnehmer als einzige Lösung gesehen. Die aktuellen Maßnahmen der chinesischen Regierung zur Senkung des Gas- und Benzinverbrauchs werden von der Mehrzahl der Teilnehmer (fünf) als fast wirkungslos betrachtet – kein Teilnehmer ist der Ansicht dass die Maßnahmen dazu führen werden, den Verbrauch signifikant zu senken.

Bei der Einschätzung der Fahrleistung pro städtischem Autobesitzer lässt sich keine eindeutige Tendenz feststellen. Die Einschätzungen liegen insgesamt zwischen 5.000 und 20.000 Kilometer pro Jahr. Sollte auf dem chinesischen Markt ein Pkw mit einem alternativen Antrieb angeboten werden, darf dieser nach Ansicht von fünf Teilnehmern maximal 5.000 bis 10.000 RMB (582 bis 1.165 Euro) mehr in der Anschaffung als ein konventionell betriebenes Fahrzeug kosten. Zwei Teilnehmer gehen von 1.000 bis 5.000 RMB (116 bis 582 Euro) aus und ein Teilnehmer von 10.000 bis 15.000 RMB (1.165 bis 1.748 Euro).

Mögliche Szenarien für den chinesischen Markt

Nachdem nun ein Überblick über alternative Antriebstechnologien gegeben wurde und die politisch-wirtschaftlichen Rahmenbedingungen in China erläutert wurden, erfolgt im weiteren Verlauf die Entwicklung der Szenarien. Diese zeigen verschiedene Entwicklungen des chinesischen Automobilmarktes in den nächsten fünf Jahren auf. Unterschiede zwischen

30 Vgl. *International Energy Agency* (2011a) und Abschnitt 3.7 Energieversorgung.

31 In Peking sind Autokennzeichen nur an 6 von 7 Tagen pro Woche gültig.

den Varianten bestehen in ihren Einflussfaktoren sowie den individuellen Gegebenheiten der untersuchten Städte und Regionen.

Nach der Auswertung der in der Länderanalyse sowie den Fragebögen erzielten Daten ist die Entwicklung des chinesischen Automobilmarktes von vier Haupteinflussfaktoren abhängig. Um die Faktoren zu identifizieren, werden verschiedene statistische Werte der Volksrepublik China im Zeitraum von 2001 bis 2009 betrachtet und in einen Index umgerechnet.[32] Das Jahr 2005 bildet hierbei den Wert 100. Anschließend wird die Entwicklung der Werte und die sich daraus ergebenden Abhängigkeiten betrachtet. In den Szenarien werden die zentralen Werte die Entwicklung des BIP sowie die Entwicklung der Bevölkerung sein. Die anderen Kriterien werden in Abhängigkeit zu diesen Faktoren gestellt. Auf Basis des Indexes wird die zukünftige Entwicklung eines Wertes, auch im Hinblick auf seine bisherige Entwicklung und Abhängigkeiten zu anderen Werten, berechnet.

Aufgrund der nicht linearen Entwicklung der Faktoren, der Vereinfachung des Abbildes der Wirtschaft, der bisher nur groben Planungen der chinesischen Regierung zu Subventionsprogrammen sowie die bisher von äußeren Einflüssen[33] geprägten Entwicklungen auf dem chinesischen Automobilmarkt kann die Entwicklung des Automobilmarkts nur theoretisch abgebildet werden. Ziel des Modells ist es, eine Einschätzung für die Entwicklung des Automobilmarktes unter verschiedenen wirtschaftlichen und politischen Konstellationen abzugeben, jedoch nicht genaue Absatzzahlen zu prognostizieren.

Der Hauptfaktor ist die gesamtwirtschaftliche Entwicklung, von der die anderen Faktoren der Infrastruktur und der Bevölkerungsentwicklung direkt abhängig sind. Als weiterer Faktor wurden Subventionen oder Regulierungen identifiziert, mit der die chinesische Regierung das Verhalten der Hersteller und Endkunden gezielt beeinflussen kann.

---

32 Für das Jahr 2010 liegen die Daten erst im Jahr 2012 vor, da die chinesische Statistikbehörde die Daten immer zum 31.12. des jeweiligen Jahres berechnet und mit ca. einjähriger Verzögerung veröffentlicht. Die Szenarien stellen somit die Jahre 2010 bis 2015 dar.

33 Z. B. Subventionen für chinesische Hersteller, Marktbeschränkungen für ausländische Hersteller.

Die gesamtwirtschaftliche Entwicklung beinhaltet die Daten der Volkswirtschaftlichen Gesamtrechnung. Neben dem Bruttoinlandsprodukt (BIP) und dem Bruttonationaleinkommen (BNE) werden die Ergebnisse aus den drei Wirtschaftssektoren betrachtet, da diese in direkter Abhängigkeit zu der Beschäftigung und dem Einkommen der Bevölkerung stehen. In direkter Abhängigkeit zu der Entwicklung des BNE steht der Außenhandel und somit die Abhängigkeit zur allgemeinen Weltwirtschaftslage. Die Infrastrukturausgaben werden in Abhängigkeit zu der gesamtwirtschaftlichen Entwicklung sowie der Entwicklung des Automobilmarktes betrachtet, da der Automobilmarkt nur bei gleichzeitigem Ausbau der Energie- und Kraftstoffversorgung wachsen kann. Bei der Betrachtung der Bevölkerung wird das Bevölkerungswachstum in Abhängigkeit zu der Beschäftigungsquote, der Urbanisierung und den Einkommen betrachtet. Die Beschäftigung steht in Abhängigkeit zu der Einwohnerzahl und der Urbanisierung der Einwohner sowie zu der Wirtschaftsleistung pro Sektor. Aus diesen Daten ergeben sich dann die Erwerbsstruktur und das zum Konsum zur Verfügung stehende Einkommen. Der Faktor Subventionen/Regulierungen greift dann nochmals in den Automobilmarkt ein, wobei anzunehmen ist, dass Subventionen in Form von Kaufanreizen ausschließlich für Klein- und Kleinstwagen gezahlt werden und Beschränkungen und Regulierungen hauptsächlich die Mittel- und Oberklasse betreffen.

Szenario 1

Das erste Szenario orientiert sich an den Wachstumszielen des Fünf-Jahres-Planes für die Jahre 2011 und 2015. Es wird das von der chinesischen Regierung angeordnete jährliche Wirtschaftswachstum von sieben Prozent gemessen am BIP angenommen.[34]

Die derzeitige europäische Schuldenkrise und die Aufwertung des Yuán gegenüber dem US Dollar führen zu einer Stagnation bzw. einem Rückgang der Exporte. Die Abwertung des Euro gegenüber dem Yuán wirkt sich positiv auf Importe von Maschinen und technologischen Gütern aus. Es können Steigerungen in der Effizienz der Produktionen vollzogen wer-

[34] Vgl. Aussagen des chinesischen Ministerpräsidenten Wen Jiabao, *China Internet Information Center* (2011).

den. Durch die starke Nachfrage im Inland ist die Erzielung eines Wachstums des BIP von sieben Prozent realistisch. Das chinesische BIP wuchs in den Jahren von 2001 bis 2009 um durchschnittlich 15,3 Prozent jährlich[35], somit markieren die sieben Prozent an den Vorjahreswerten gemessen eine untere Grenze des Wachstums. Die Lebensbedingungen und die Lebensqualität der Bevölkerung sollen gleichzeitig stärker ansteigen. Gemessen an den Vorjahren werden die Lohnsteigerungen im Szenario 1 stärker ausfallen. Die Zulassungen an Kleinst- und Kleinwagen werden zusätzlich durch die bestehenden Subventionen weiter gefördert.

Es wird eine lineare Bevölkerungsentwicklung anhand der Vorjahre angenommen. Die Verteilung zwischen der städtischen und ländlichen Bevölkerung wird sich linear entwickeln. Der Durchschnittsverdienst wird in den Jahren 2010 und 2011 aufgrund der Inflation sowie des Stellenwachstums im sekundären und tertiären Sektor stärker steigern als bisher. Ab dem Jahr 2012 wird die Steigerung des Durchschnittsverdienstes von 12 Prozent auf 9 Prozent abnehmen. Aufbauend auf den Hypothesen zur allgemeinen wirtschaftlichen Entwicklung werden folgende Hypothesen zur Entwicklung des Automobilmarktes getroffen:

Im Automobilbereich wird im Jahr 2012 die bestehende Förderung für den Kauf von umweltfreundlichen Fahrzeugen, die bereits Ende des Jahres 2011 verschärft worden ist, nochmals überarbeitet. Mitte des Jahres 2012 kommt zusätzlich eine weitere Beschränkung bei den Abgasemissionen hinzu. Den Besitzern von Neufahrzeugen wird eine Strafsteuer bei zu hohem Schadstoffausstoß der Pkw auferlegt. Um die Inlandsnachfrage weiter aufrecht zu erhalten, wird der Kauf von Hybridfahrzeugen mit einer Einmalzahlung von 20.000 RMB (2.331 Euro) subventioniert, allerdings erst im Jahr 2013, wenn mehrere chinesische Hersteller ihre eigenen Hybridfahrzeuge auf den Markt bringen können. Die Subvention wird nur für chinesische Hersteller sowie einige europäische und amerikanische Hersteller gelten. Diese Entwicklung begründet sich ebenfalls in den Bestrebungen der Regierung, chinesische Automarken zu etablieren, welche überwiegend in diesem Segment tätig sind.

---

35 Eigene Berechnung, Daten: *National Bureau of Statistics of China* (2010), 2-1.

Aufgrund der schlechten Infrastruktur der Versorgung sowie des geringen Angebotes an geeigneten Pkw wird es weiterhin keine Subventionierung für Fahrzeuge mit LPG geben. Folgende Daten werden angenommen:

Jahr	Neuzulassungen Oberklasse	Neuzulassungen Mittelklasse	Neuzulassungen Kleinwagen	Neuzulassungen Kleinstwagen
2010	5,00%	-8,00%	30,00%	15,00%
2011	5,00%	-8,00%	15,00%	10,00%
2012	4,00%	-3,00%	12,00%	10,00%
2013	3,50%	0,00%	10,00%	10,00%
2014	3,50%	1,00%	12,00%	8,00%
2015	3,50%	4,00%	12,00%	9,00%

Tabelle 1: Szenario 1 – Annahmen Entwicklung Automobilmarkt

Das BIP steigt im Jahr 2015 auf ca. 5,1 Billionen RMB (616 Mrd. Euro) oder um insgesamt 50 Prozent gegenüber dem Jahresende 2009. Das Pro-Kopf-Einkommen steigert sich im gleichen Zeitraum um 48 Prozent oder auf ca. 38.000 RMB (4.429 Euro). Gleichzeitig setzt sich die Entwicklung in den Wirtschaftssektoren fort. Der primäre landwirtschaftliche Sektor hat in diesem Zeitraum das niedrigste Wachstum von 22 Prozent. Der sekundäre industrielle Wirtschaftssektor wächst weiter um insgesamt 59 Prozent, der Dienstleistungssektor als tertiärer Wirtschaftssektor im gleichen Zeitraum um 52 Prozent.

Die Beschäftigten nehmen im primären Sektor um 15 Prozent auf ca. 251 von 297 Millionen ab. Im sekundären Sektor steigen die Beschäftigten am stärksten um 13 Prozent von 216 auf 245 Millionen an. Im tertiären Sektor fällt die Steigerung mit 2,5 Prozent moderat aus und entspricht einem Anstieg von 266 auf 272 Millionen Beschäftigte. Die Gesamtanzahl der Beschäftigten geht gegenüber 2009 von 779 Millionen leicht zurück auf 769 Millionen.

Es wird aufgrund der chinesischen Bevölkerungsstruktur angenommen, dass die Zahl der Arbeitslosen gleich bleibt oder minimal abnimmt. Die Ausgaben der städtischen Haushalte für Transport und Transportdienstleistungen werden erstmals nicht mehr so stark ansteigen wie der Konsum. Dies ist vor allem in den gestiegenen Einkommen zu begründen, da der Transport als Grundbedürfnis einzuordnen ist und mit den steigenden Einkommen verstärkt Luxusartikel gekauft werden.

Insgesamt steigt die Anzahl der in der Stadt lebenden Bevölkerung stark an, im Jahr 2015 werden von den ca. 1,38 Milliarden Chinesen bereits ca. 780 Millionen in Städten und ca. 600 Millionen noch auf dem Land wohnen. Dies spiegelt sich auch im Mobilitätsbedürfnis wider. In den Städten wird der öffentliche Personennahverkehr weiterhin stark zunehmen, wohingegen in den ländlichen Räumen die Individual-Mobilität den Wechsel vom Motorrad zum Pkw vollzieht.

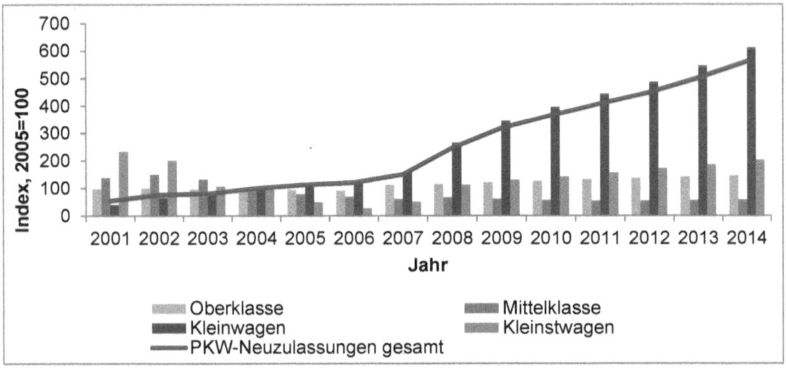

Abbildung 8: Szenario 1 – Prognose Pkw-Neuzulassungen nach Index

Es wird angenommen, dass die bisherigen Steigerungen im unteren Automobilsegment bei den Klein- und Kleinstwagen größtenteils auf Subventionen und gestiegene Löhne zurückzuführen sind. Das Wachstum im Marktsegment der Klein- und Kleinstwagen wird sich bereits im Jahr 2012 deutlich abschwächen und erst im Jahr 2014, vor allem bedingt durch die Förderung von Hybridfahrzeugen, wieder zunehmen. Die Neuzulassungen in der Oberklasse werden ab dem Jahr 2012 mit einem Minus von 0,5 Prozent leicht rückläufig sein, da einige Käufer aufgrund der neuen Regulierungen zu Abgasemissionen einen Mittelklasse-Pkw kaufen werden.

Es wird davon ausgegangen, dass die Automobil Joint Ventures bis 2014 erste elektrisch betriebene Fahrzeuge auf den Markt bringen – ab 2015 bis 2017 werden dann auch chinesische Firmen die Technologie besitzen. Die Pilotprogramme zur kostenlosen Pkw-Zulassung werden in diesem Szenario 2015 auslaufen, da ab 2016 durch die Massenfertigung von Elektrofahrzeugen in der Kompaktklasse ein Anstieg der Zulassungszahlen zu vermuten ist. Mit einem Wandel zur reinen Elektromobilität ist in diesem Szenario vor dem Jahr 2020 nicht zu rechnen, da China die Versorgungsprobleme in der Energieversorgung noch nicht ausreichend lösen kann sowie das Tankstellennetz mit 10.000 zusätzlichen Elektrotankstellen nur in großen Städten zur Verfügung stehen wird.

Alternative Technologien müssen weiter ausgebaut werden. Im ersten Schritt werden die Hersteller weiter auf die Hybrid-Technologie setzen, ein Mikro-Hybrid wird in der Mittelklasse bis zum Jahr 2014 Standard. Biokraftstoffe werden sich weiterhin nicht durchsetzen können, trotz des positiven Modellversuchs BEST wird der Einsatz von Biokraftstoffen nicht nachhaltig gefördert. Das Hauptproblem aus Sicht der Konsumenten sind auch weiterhin die undurchsichtigen Förderprogramme der Regierung, was insbesondere die genaue Definition eines alternativen Antriebes betrifft. Selbst bei einem Wechsel zu einem alternativen Antrieb ist eine Förderung nicht garantiert, sondern liegt im Ermessen der Behörden. Ein Umstieg auf LPG ist daher aus Gründen der finanziellen Förderung für den Großteil der Konsumenten, auch in Anbetracht des schlecht ausgebauten Tankstellennetzes, unattraktiv. Der chinesische Staat wird weiterhin keine Förderprogramme für den Umstieg auf LPG beschließen, da die Infrastruktur der Energieversorgung derzeit nicht auf einen stärkeren Verbrauch von LPG ausgelegt ist. Die Verwendung von LPG als Kraftstoff in Relation zum gesamten LPG-Verbrauch betrug bisher ca. ein Prozent. Durch die Verwendung von LPG und Erdgas in den Haushalten sowie die zunehmende Urbanisierung muss die Infrastruktur der Energieversorgung weiter ausgebaut werden. Gleichzeitig erhöht sich die chinesische Abhängigkeit von Öl- und Gasimporten. Auch aus diesem Grund ist anzunehmen, dass die chinesische Regierung verstärkt Hybrid- und Elektrofahrzeuge fördern wird.

In der Stadt Peking wird die Beschränkung von 240.000 Neuzulassungen aufrechterhalten – bis zum Jahr 2015 ist eine Senkung auf 150.000 Neuzulassungen pro Jahr zu erwarten. In Peking wird das U-Bahnnetz weiter ausgebaut, um den Verkehr von der Straße auf die Schiene zu verlagern. Als weitere Maßnahme wird eine zusätzliche Kfz-Steuer beim Kauf oder der Vergabe von Kennzeichen eingeführt sowie Abgasemissionen reglementiert. Die Preise für Stellplätze und Parkplätze werden weiter ansteigen. Aufgrund dieser Maßnahmen wird es in Peking zunehmend der einkommensstärksten Bevölkerungsschicht vorbehalten sein, einen Pkw zu besitzen. Profitieren wird vor allem das Segment der Oberklasse.

Bis zum Jahr 2015 ist auch in Shanghai mit einer Reglementierung des Verkehrsaufkommens zu rechnen, da die Anzahl der Pkw zu hoch für die bestehende Infrastruktur ist. Die Stadtregierung wird Maßnahmen aus Peking adaptieren, wie z. B. die Beschränkung auf einen Pkw pro Person und die Einschränkung der Gültigkeit der Kennzeichen. Die Verkäufe der Klein- und Kleinstwagen werden weiter zurückgehen, während ein Anstieg in der Mittel- und Oberklasse zu erwarten ist.

In der Stadt Chongqing wird das stärkste Wachstum an Pkw erwartet, da sich aufgrund der gestiegenen Löhne mehr Konsumenten den Kauf eines Kleinst- oder Kleinwagens leisten können. Die Stadt Chongqing partizipiert an dem Modellprogramm zur Emissionssenkung der Städte und wird daher gezielt den Kauf von Fahrzeugen mit kleinen Motoren und niedrigem Schadstoffausstoß mit finanziellen Anreizen fördern. Es ist wahrscheinlich, dass die Förderung nur beim Kauf von bestimmten Pkw bestimmter chinesischer Hersteller gilt. Als Inhaber des Automobilherstellers Chang'An profitiert die Stadt Chongqing beim Verkauf der Pkw indirekt sowie direkt durch Zuschüsse der Zentralregierung für das Projekt der emissionsarmen Stadt.

In der Hebei-Provinz werden sich die gestiegenen Löhne und Gehälter stark bemerkbar machen, indem sich die Mobilität zunehmend vom Zweirad auf den Pkw verlagert. Aus Sicht der Provinzregierung sind keine Maßnahmen notwendig, Pkw mit alternativen Antrieben zu fördern. Eine flächendeckende Infrastruktur für Elektromobilität bereitzustellen oder Kaufanreize für Hybrid-Pkw zu geben, werden als nicht sinnvoll erachtet, da das bei den Konsumenten zur Verfügung stehende Einkommen zu gering für den Kauf von Automobilen mit alternativen Antrieben ist.

Das Szenario stellt sich unter Berücksichtigung der Kriterien in Tab. 2 als insgesamt sehr realistisch dar.

Die in diesem Szenario aufgezeigten Maßnahmen entsprechen der derzeitigen Handlungsweise der chinesischen Regierung, dem Versuch die durch das steigende Wirtschaftswachstum und dem damit einhergehenden Anstieg an Ölimporten größer werdende Abhängigkeit von erdölfördernden Staaten zu verringern.

Kriterium	**Positiv**	**Negativ**
Förderprogramme	Regierung subventioniert alternative Antriebsformen.	Bedingungen, Definitionen, Abstufungen für Förderungen unklar.
Infrastruktur	Ausbau des Straßennetzes.	Außer Ausbau des Tankstellennetzes für Elektrofahrzeuge keine Netzausbauten geplant.
Konsumenten	Durch Subventionen können sich Konsumenten Kleinstfahrzeuge zu geringen Preisen kaufen.	Schlechte Informationspolitik, für Konsumenten ist unklar, welche Technologien sich am Markt befinden und welchen individuellen Nutzen der Konsument daraus ziehen kann.
Automobilhersteller	Weiterentwicklung und verstärkte Einführung der Hybrid-Technologie.	Fokus nur auf Hybrid- und Elektrofahrzeuge, ohne Regulierungen durch die chinesische Regierung keine Notwendigkeit, andere Technologien zu fördern.
Szenario	Beschreibt mit hoher Wahrscheinlichkeit die Entwicklung des zukünftigen Marktes, basierend auf den bisherigen Handlungen der chinesischen Regierung.	Begrenzte Anzahl an betrachteten Faktoren, äußere politische Einflüsse auf China können nicht betrachtet werden, nicht alle wirtschaftspolitischen Ziele und Handlungsabsichten von China sind bekannt.

Tabelle 2: Szenario 1 – Bewertung

Es werden Maßnahmen ergriffen, um die Mobilität aus eigenen Ressourcen sicherstellen zu können, z. B. durch die Einführung von Elektrofahrzeugen. Bereits der Modellversuch BEST hat gezeigt, dass die Nutzung von alternativen Antrieben in China möglich ist, die Einführung jedoch staatlicher Subventionen und Förderprogrammen bedarf. Der Hauptfokus der Programme zur Förderung alternativer Antriebe richtet sich allerdings auf Hybrid- und Elektrofahrzeuge. Durch weiterhin teils fragwürdige Förderprogramme, ohne klare Definition der Begriffe des alternativen Antriebes oder des energieeffizienten Antriebes, wird sich außer der Hybridtechnologie keine Technologie durchsetzen können. Negativ fällt auch auf, dass insbesondere LPG, welches in China bereits in Taxen zum Einsatz kommt, bei einem Ausbau der vorhandenen Infrastruktur und einer Information der Verbraucher als Zwischenlösung bis zur Elektromobilität verwendet werden könnte. Als weiteres Problem, neben dem geringen Bekanntheitsgrad von LPG bei den Endverbrauchern, wird das mangelnde Angebot gesehen. Im Szenario werden weiterhin keine LPG betriebenen Pkw angeboten, der Markt fokussiert sich auf die Hybrid-Technologie.

Szenario 2

Das zweite Szenario basiert auf der Wachstumsprognose für das Bevölkerungswachstum des Internationalen Währungsfonds für China sowie der Prognose zur Entwicklung der Gesamtwirtschaft der HSBC-Bank.[36|37]

Dieses Szenario stellt eine optimistische Entwicklung der Weltwirtschaft dar, was sich direkt auf die Entwicklung des chinesischen BIP auswirkt. Die Inlandsnachfrage steigt in China stärker an, der Durchschnittsverdienst entwickelt sich in Abhängigkeit des BIP. Folgende Werte werden angenommen:

---

36 Vgl. *International Monetary Fund* (2011a).

37 Vgl. *HSBC* (2010).

Jahr	BIP	Bevölke-rungs-wachstum	Veränderung städtische Bevölkerung	Veränderung ländliche Bevölkerung	Steigerung Durch-schnitts-Verdienst
2010	12,00%	105,00%	3,50%	-2,50%	10,66%
2011	10,50%	105,00%	3,50%	-2,50%	10,94%
2012	11,90%	105,00%	3,50%	-2,50%	11,21%
2013	10,60%	105,00%	3,50%	-2,50%	11,48%
2014	11,50%	105,00%	3,50%	-2,50%	11,75%
2015	12,00%	105,00%	3,50%	-2,50%	12,02%

Tabelle 3: Szenario 2 – Annahmen Entwicklung China gesamt

Aus den Daten der Tab. 3 ergeben sich folgende Annahmen für den Automobilmarkt:

Aufgrund der guten wirtschaftlichen Entwicklung beschließt die Regierung weitere Förderprogramme zu starten, die eine herstellerunabhängige Gültigkeit haben. Die Subvention wird jeweils in vollem Umfang ausgezahlt.

Jahr	Subventionen	Regulierungen
2011	n.a.	Beschränkung der Kaufprämie auf Hubraum, Fahrzeuggewicht und Verbrauch (<6,3l/100Km)
2012	Erweiterung der Kaufprämie für Fahrzeuge unter 7l/100 km Verbrauch	Einführung Euro5-Standard
2013	30.000 RMB Kaufprämie für Fahrzeuge mit alternativem Antrieb: Brennstoffzelle, LPG, Erdgas	n.a.
2014	60.000 RMB Kaufprämie für Fahrzeuge mit alternativem Antrieb: Mild-Hybrid, Full-Hybrid	Pkw-Maut für die inneren Ringe der Städte Chongqing, Peking, Shanghai
2015	n.a.	n.a.

Tabelle 4: Szenario 2 – Annahmen Subventionen/Regulierungen

Chinesische Unternehmen werden weiterhin stark finanziell bei der Entwicklung neuer Technologien unterstützt, was zu Wettbewerbsverzerrungen führen kann. Tab. 5 stellt die angenommene Entwicklung der Segmente in den Jahren 2010-2015 dar.

Das BIP steigt bis zum Jahr 2015 auf ca. 6,5 Billionen RMB (757 Mrd. Euro), was insgesamt im Vergleich gegenüber dem Jahresende 2009 eine Steigerung von 91 Prozent darstellt. Die Wirtschaftssektoren verzeichnen weiterhin ein starkes Wachstum. Der zweite Wirtschaftssektor ist mit einem Wachstum gegenüber 2009 von 102 Prozent der stärkste, gefolgt vom dritten Sektor mit 93 Prozent. Der erste Sektor kann im Jahr 2015 nur ein Wachstum von 55 Prozent gegenüber 2009 verzeichnen.

Jahr	**Neuzulassungen Oberklasse**	**Neuzulassungen Mittelklasse**	**Neuzulassungen Kleinwagen**	**Neuzulassungen Kleinstwagen**
2010	5,00%	-8,00%	30,00%	15,00%
2011	5,00%	-8,00%	15,00%	10,00%
2012	8,50%	25,00%	15,00%	11,00%
2013	7,00%	15,00%	15,00%	8,00%
2014	10,00%	15,00%	17,00%	10,00%
2015	10,00%	14,00%	20,00%	9,00%

Tabelle 5: Szenario 2 – Annahmen Entwicklung Automobilmarkt

Bei der Beschäftigung ist weiterhin ein starker Anstieg zu verzeichnen. Die Anzahl der Erwerbstätigen wird insgesamt auf 876 Millionen Personen ansteigen. Im ersten Sektor ist eine Abnahme der Beschäftigung gegenüber 2009 um sieben Prozent auf 276 Millionen Beschäftigte im Jahr 2015 festzustellen. Im zweiten Sektor ist eine Steigerung um 23 Prozent auf 269 Millionen Beschäftigte zu verzeichnen, während im dritten Sektor eine Steigerung um 25 Prozent auf 333 Millionen Beschäftigte anzunehmen ist.

Die Anzahl der Arbeitslosen nimmt leicht ab. Das Pro-Kopf-Einkommen steigt um 88 Prozent auf 48 Tsd. RMB (5.594 Euro). Der Konsum der städtischen Haushalte steigt weiterhin an, allerdings nur um 26 Prozent im Jahr 2015 gegenüber 2009. Ab 2011 werden die Ausgaben für Transporte und Transportdienstleistungen, die auch die Ausgaben für Pkw enthalten, gegenüber dem Konsum prozentual leicht zurückgehen und gegenüber 2009 nur eine Steigerung von 11 Prozent aufweisen.

Die Urbanisierung verstärkt sich weiterhin. Im Jahr 2015 werden bereits 55 Prozent der Bevölkerung in Städten leben, das entspricht 764 Millionen Personen. Die Landbevölkerung wird im Jahr 2015 etwa 612 Millionen Personen betragen, bei deutlich verbesserten Lebensbedingungen im Vergleich zu den vergangenen Jahren.

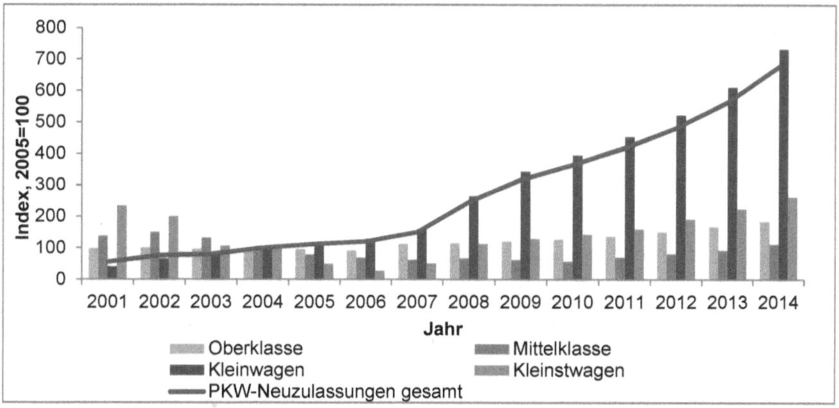

Abbildung 9: Szenario 2 – Prognose Pkw-Neuzulassungen nach Index

Aufgrund der wirtschaftlichen Lage wird ein starkes Wachstum in allen Segmenten des Automobilmarktes erwartet. Die Oberklasse verzeichnet ein Wachstum auf ca. 180 Tsd. Einheiten im Jahr 2015, von dem besonders die deutschen Automobilhersteller profitieren. Bei der Mittelklasse fällt der Konjunkturaufschwung am stärksten auf. Im Jahr 2012 wird mit einem Umsatzplus von 25 Prozent gerechnet, auch bedingt durch die Änderung der Regelung für Pkw-Kaufpreise sowie der Einführung der Euro-5-Norm[38]. Es folgt ein Aufstieg der Käufer aus der Kleinwagenklasse zur

[38] Die Euro-5-Norm definiert Emissionsgrenzwerte für Kraftfahrzeuge mit dem Ziel, die Umweltbelastungen durch den Straßenverkehr zu minimieren. Reglementiert werden die Emissionen von Kohlenmonoxid, Nichtmethankohlenwasserstoff,

Mittelklasse. Das Kleinwagensegment bleibt weiterhin stabil mit konjunkturbedingten Wachstumsraten um ca. 15 Prozent. Das Kleinstwagensegment ist starken Schwankungen ausgesetzt. Im Jahr 2013 wird ein Rückgang der Neuzulassungen von 11 Prozent im Jahr 2012 sowie auf 8 Prozent im Jahr 2013 festgestellt, bedingt durch die Einführung der Abgasnorm Euro5, die die Kleinstwagen chinesischer Herstellung nicht erfüllen können. Die Kaufprämie für Fahrzeuge mit alternativem Antrieb nehmen hauptsächlich Käufer von Kleinwagen in Anspruch, was sich von 2013 zu 2014 mit einem Anstieg der Automobilverkäufe um zwei Prozent bemerkbar macht. Insgesamt ist ein Anstieg auf 28 Mio. Neuzulassungen im Jahr 2015 zu verzeichnen, was eine Steigerung von 174 Prozent gegenüber 2009 darstellt. Profiteure sind hauptsächlich ausländische Automobil-Joint-Ventures, da sie als einzige über ausreichende Technologie verfügen, um alternative Antriebe anzubieten, sowie den Euro5-Standard erfüllen. Durch die hohen Kaufanreize werden auch Käufer angesprochen, die sich bisher nicht vorstellen konnten, einen Pkw mit alternativem Kraftstoff zu fahren. Durch die im Jahr 2014 eingeführte City-Maut werden in den Städten Chongqing, Peking und Shanghai hauptsächlich größere Limousinen zugelassen, der Markt für Kleinwagen und Kleinstwagen verschiebt sich zunehmend in die ländlichen Regionen. Die chinesischen Automobilfirmen werden aufgrund der starken Subventionierung der Zentralregierung in diesem Szenario spätestens ab dem Jahr 2014 rein elektrisch betriebene Fahrzeuge bauen.

Alternative Antriebe auf fossiler Basis werden sich daher nur in Großstädten etablieren können, Hybrid-Pkw werden jedoch landesweit eingesetzt. Die Mikro-Hybrid-Technologie wird bis 2014 als Standard bei allen Herstellern vorausgesetzt, parallel zur Einführung der Subvention für Hybrid-Fahrzeuge. LPG und Erdgas werden weiter Nischenprodukte bleiben. Das Versorgungsnetz wird in den Städten und Ballungszentren sukzessive ausgebaut, um eine ausreichende Abdeckung von Tankstellen sicherzustellen. Ländliche Regionen werden weiterhin unterversorgt bleiben. Insgesamt wird die Anzahl an Fahrzeugen mit LPG als Kraftstoff in den Städten stark ansteigen, aber weiterhin bei einem Großteil der Bevölke-

---

Partikel, Kohlenwasserstoff und Stickstoffoxid sowie deren Summe. (Vgl. *Amtsblatt der Europäischen Union* 2007)

rung unbekannt sein. Die Brennstoffzelle wird zukünftig auch als Nischenprodukt auf dem Markt sein, allerdings hängt ihr Erfolg stark von den Mehrkosten der Fahrzeuge ab.

Der Verkehr in den Städten Peking, Shanghai und Chongqing wird durch die Einführung einer Pkw-Maut für die Innenbezirke leicht zurückgehen. Weitere Beschränkungen für die Autofahrer gibt es allerdings nicht, da die chinesische Regierung auf ein expansives Wachstum des Automobilmarktes setzt, auch mit dem Bestreben, den innerchinesischen Markt zu vergrößern und so die Abhängigkeit vom Weltmarkt zu verringern. In der Hebei-Provinz wird sich das gestiegene Einkommen stark bemerkbar machen, die Nachfrage nach Klein- und Kleinstwagen steigt stark an. In der Provinz gehen die Zahlen der Benutzer von öffentlichen Transportmitteln stark zurück. Die Infrastruktur der kleineren Städte ist oftmals nicht für die Masse an Pkw ausgelegt, daher wird es spätestens 2016 bis 2017 Maßnahmen zur Beschränkung des Verkehrsaufkommens geben.

Das Szenario zeigt eine optimistische Markteinschätzung, eine erhöhte Transparenz der Förderprogramme der chinesischen Regierung und geht davon aus, dass die Probleme in der Infrastruktur für alternative Antriebskonzepte gelöst werden. Das Szenario 2 stellt insgesamt betrachtet eine stark optimierte Darstellung des Szenarios 1 dar.

Kriterium	Positiv	Negativ
Förder-programme	Förderungen klar definiert, Förderung von verschiedenen Technologien.	Nachrüstungen von LPG oder Erdgas werden nicht gefördert.
Infrastruktur	Ausbau der Kraftstoffversorgung für alternative Antriebe in Großstädten und Ballungszentren.	Ausbau der Kraftstoffversorgung für alternative Antriebe nur in Großstädten; die meisten Fahrtkilometer werden jedoch in ländlichen Gegenden zurückgelegt.
Konsumenten	Verständliche Förderprogramme, der Konsument kennt die exakte Förderhöhe.	Bewohner ländlicher Gegenden haben keinen Zugang zur Nutzung eines alternativen Antriebskonzeptes.
Automobil-hersteller	Höhere Verkaufszahlen in den Segmenten der ausländischen Hersteller, keine Benachteiligung einzelner Hersteller bei der Vergabe von Kauf-Subventionen der Pkw.	Subventionen für die Entwicklung von alternativen Antrieben für chinesische Hersteller, Marktverzerrung.
Szenario	Szenario zeigt die tatsächlichen Entwicklungspotenziale von alternativen Antriebskonzepten in China auf.	Szenario nur realisierbar unter der Bedingung einer sich erholenden Weltwirtschaft sowie einer Änderung der chinesischen Politik.

Tabelle 6: Szenario 2 – Bewertung

Die Szenarien kurz zusammengefasst

Die Szenarien haben den chinesischen Automobilmarkt unter der Berücksichtigung verschiedener Rahmenbedingungen analysiert. Durch eine Präzisierung der bisher in China getroffenen Maßnahmen zur Förderung von alternativen Antriebskonzepten können diese erfolgreich im Markt implementiert werden. Um dies zu erreichen, muss ein Paradigmenwechsel in der chinesischen Politik stattfinden. Es muss eine höhere Transparenz in den Förderprogrammen geschaffen werden. Die Förderprogramme müssen für das gesamte Land sowie die sich auf dem Markt befindlichen Automobilhersteller gelten. Die Maßnahmen sollten sich jeweils auf einen festen Zeitraum beziehen und langfristig geplant werden. Nur so lassen sich Versorgungsengpässe bei den Kraftstoffen für alternative Antriebe vermeiden. Wichtig ist auch, die ländlichen Gegenden mit einzubeziehen, da hier die größten Distanzen mit dem Pkw zurückgelegt werden. In Großstädten ist das öffentliche Transportwesen weiter stark auszubauen. Alternative Nutzungskonzepte für Pkw, z. B. Carsharing, sollten innerhalb der nächsten Jahre eingeführt werden, um die Gesamtanzahl an Pkw in den Großstädten zu reduzieren. Im ländlichen Raum, der erst am Beginn der Motorisierung steht, sollte bereits jetzt eine Infrastruktur für alternative Antriebskonzepte aufgebaut werden. Biokraftstoffe haben sich im Modellversuch BEST bewährt. Eine Umrüstung der bestehenden Pkw ist ohne größeren Aufwand möglich und sollte vom Staat gefördert werden. Die verstärkte Nutzung der Technologie LPG ist stark an die Bereitschaft der chinesischen Regierung geknüpft, die Abhängigkeit von Energieimporten zu erhöhen sowie das Versorgungsnetz auszubauen. Flüssiggas sollte aufgrund des schon bestehenden Versorgungsnetzes eingeführt werden. Eine Möglichkeit hierzu wäre die Einführung mit serienmäßigem Einbau ab Werk bei staatseigenen Automobilkonzernen. Der Käufer wäre somit gezwungen, den alternativen Antrieb zu nutzen. Dies gibt die Möglichkeit, einerseits die Subventionen über den Kaufpreis zu regulieren, andererseits über die Produktion den Absatz dem Aufbau der Infrastruktur anzupassen, um Engpässe in der Versorgung mit LPG zu vermeiden. Die chinesische Zentralregierung sollte zukünftig stärker mit ausländischen Automobilkonzernen zusammenarbeiten und Wettbewerbsverzerrungen durch eine Subventionierung chinesischer Hersteller vermeiden. Nur so werden ausländische Hersteller dauerhaft bereit sein, neue Technologien auf dem chinesischen Markt zu etablieren.

Ein alternatives Worst-Case-Szenario

Das Alternativ-Szenario stellt den Worst Case für den chinesischen Automobilmarkt dar. Das Szenario wird aufgrund der aktuellen Entwicklungen auf dem chinesischen Immobilienmarkt erstellt. Da das Szenario nicht genau prognostiziert werden kann, wird nur kurz anhand von wichtigen konjunkturellen Daten darauf eingegangen.

Auf dem chinesischen Immobilienmarkt wächst derzeit die Gefahr des Platzens einer Immobilienblase. Der *Internationale Währungsfonds* sieht hier die größte Gefahr für die chinesische Volkswirtschaft, da die Banken nicht ausreichend gegen Zahlungsausfälle abgesichert sind und die Kreditnehmer ihre Kreditschulden aufgrund variabler – und somit nach dem Platzen der Blase steigender – Zinssätze nicht mehr bedienen können werden.[39] Die Preise für Wohnraum in chinesischen Städten sind nach einer Studie der *Deutschen Bank* im Jahr 2010 um durchschnittlich 18 Prozent gestiegen, im Jahr 2009 um durchschnittlich 25 Prozent.[40] Die Nachrichtenagentur *Bloomberg* veröffentlichte Ende November 2011 eine Meldung von *Goldman Sachs*, in der Kunden dazu angehalten werden, aus Immobiliengeschäften in China auszusteigen, was als Anzeichen für das Platzen der Blasen gewertet werden kann.[41]

Das Alternativ-Szenario nimmt eine Eskalation im Jahr 2012 an. Das BIP von China wird gegenüber den Schätzungen der *OECD* um 3 Prozent zurückgehen.[42] Das Bevölkerungswachstum wird ab 2012 leicht nachlassen, die Verstädterung entwickelt sich langsamer.

---

[39] Vgl. *International Monetary Fund* (2011b).

[40] Vgl. *Deutsche Bank Research* (2011b).

[41] Vgl. *Bloomberg* (2011).

[42] Vgl. *OECD* (2011).

Jahr	BIP	Bevölke-rungs-wachstum	Veränderung städtische Bevölkerung	Veränderung ländliche Bevölkerung
2010	10,40%	5,00%	5,00%	-2,00%
2011	9,30%	3,00%	5,00%	-2,00%
2012	5,50%	3,00%	1,00%	-1,00%
2013	6,50%	3,00%	1,00%	-1,00%
2014	6,50%	3,00%	1,00%	-1,00%
2015	7,50%	3,00%	2,00%	-2,00%

Tabelle 7: Alternativ-Szenario – Annahmen Entwicklung China gesamt

Aufgrund der aktuellen wirtschaftlichen Situation werden alle Subventionen für alternative Pkw außer Kraft gesetzt. Der Rückgang der Zulassungszahlen macht sich hauptsächlich in den Segmenten der Klein- und Kleinstwagen bemerkbar. Im Jahr 2012 wird der Markt fast stagnieren, die Abkühlung des Marktes hält auch im Jahr 2013 an. Erst im Jahr 2014 gelingt eine leichte Erholung.

Jahr	Neuzulassungen Oberklasse	Neuzulassungen Mittelklasse	Neuzulassungen Kleinwagen	Neuzulassungen Kleinstwagen
2010	5,00%	-8,00%	30,00%	15,00%
2011	5,00%	-8,00%	15,00%	10,00%
2012	3,50%	-10,00%	-15,00%	-30,00%
2013	3,00%	3,00%	-10,00%	-15,00%
2014	4,00%	4,00%	0,00%	0,00%
2015	6,00%	5,00%	10,00%	6,00%

Tabelle 8: Alternativ-Szenario – Annahmen Entwicklung Automobilmarkt

Die geringeren Wachstumsraten des BIP (Abbildung 3) wirken sich direkt auf die Beschäftigung in den Sektoren aus. Insbesondere im sekundären Sektor wird die Beschäftigung von 2012 zu 2013 zurückgehen. Dies macht sich auch im Durchschnittsverdienst bemerkbar, der nicht mehr so stark ansteigt wie in den Jahren zuvor.

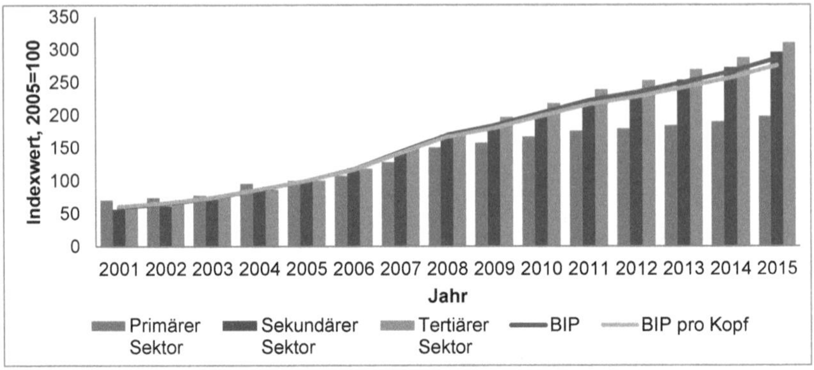

Abbildung 10: Alternativ Szenario – Volkswirtschaftliche Entwicklung, Wachstum

Daraus resultiert ein stagnierender Konsum der Haushalte. Das Bevölkerungswachstum wird weiterhin nur noch moderat ansteigen. Die Anzahl der Personen in den Großstädten wird weiterhin zunehmen, allerdings werden die Steigerungen auch hier moderat ausfallen. Von 2012 bis 2014 werden keine größeren Urbanisierungen vermutet, da es aufgrund der gesamtwirtschaftlichen Lage nicht attraktiv ist, in die Städte zu ziehen.

Der Automobilmarkt wird im Jahr 2012 weiter schrumpfen und sich erst ab 2014 wieder leicht erholen. Der stärkste Rückgang wird in den Segmenten der Klein- und Kleinstwagen zu verzeichnen sein, da diese besonders konjunkturanfällig sind. Von der Krise werden alle Automobilhersteller betroffen sein. Am stärksten trifft es die chinesischen Automobilhersteller, da diese zum größten Teil nur auf ihrem Heimatmarkt aktiv sind. Es ist anzunehmen, dass es zu einer Konsolidierung auf dem Markt der chinesischen Automobilbauer kommt.

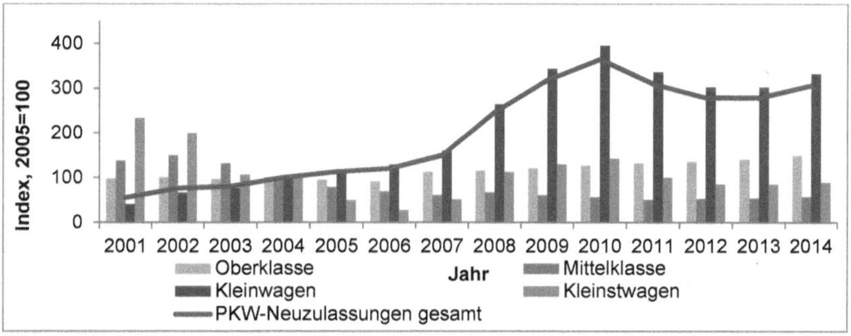

Abbildung 11: Alternativ-Szenario – Prognose Pkw-Neuzulassungen nach Index

Fazit

Der vorliegende Beitrag zeigt auf, dass ein Großteil der sich am Markt befindlichen alternativen Antriebskonzepte innerhalb der nächsten fünf Jahre noch nicht einsetzbar sein wird. Dies liegt zum einen an der nicht vorhandenen Infrastruktur der Kraftstoffversorgung, zum anderen an der Implementierbarkeit der Technologie in bestehende Kraftfahrzeugsysteme. Innovative Lösungen wie das Biomass-to-Liquid-Verfahren sind derzeit noch in der Entwicklung. Als aus technischer Sicht einsetzbar, allerdings aus Kostensicht momentan nicht durchsetzungsfähig, erweist sich die Technologie des SynFuel. Antriebskonzepte, die auf biologischen Kraftstoffen basieren, werden nur geringen Einsatz finden und sich als alternatives Antriebskonzept nicht durchsetzen können. Die größte Durchsetzungsfähigkeit wird aufgrund der vorhandenen Technologie bei LPG und den Hybrid-Antrieben Mikro-Hybrid und Mild-Hybrid gesehen.

Bei der Analyse des Landes China bestätigten sich diese Annahmen. Die chinesische Regierung fördert den Ausbau von alternativen Antriebskonzepten, jedoch hauptsächlich im Bereich der Hybrid-Antriebe. Ziel der chinesischen Regierung ist es, den Wechsel zur Elektromobilität bis zum Jahr 2015 zu erreichen. Hintergrund ist die Verringerung der Abhängigkeit von ausländischen Energieimporten, die sich durch einen Anstieg des Verbrauches von fossilen Kraftstoffen erhöhen würde. Alternative Antriebstechnologien, die auf fossilen Energieträgern beruhen, finden derzeit in China keine Förderung. Insgesamt sind die Förderprogramme der Regierung sowie die der betrachteten Regionen und Städte nicht klar formuliert, was z. B. Fördersummen und deren Abstufungen angeht. Auch sind die subventionierten Technologien ungenau beschrieben, was Spielraum für Interpretationen für die Definition von alternativen Antrieben bei der Vergabe der Subventionen gibt. Die Länderanalyse hat allerdings auch gezeigt, dass aufgrund des bisherigen und des zukünftigen Wachstums in China verstärkt auf alternative Antriebskonzepte gesetzt werden muss, da der zukünftige Energiebedarf in China sonst nicht mehr abzudecken ist. Der Bedarf nach individueller Mobilität wird zukünftig auch in niedrigen Einkommensschichten stärker ansteigen. Hauptprofiteure sind hier chinesische Automobilhersteller, die sich größtenteils im Staatsbesitz befinden. Insgesamt werden chinesische Hersteller stark vom Staat subventioniert, nicht nur in der Entwicklung von neuen Antriebskonzepten, sondern auch beim Verkauf von Pkw. Importzölle auf ausländische Pkw und Pkw-Teile schützen den chinesischen Markt, und Förderungen für den Kauf von Pkw mit niedrigen Verbrauchswerten gelten nicht für alle ausländischen Hersteller.

Der Protektionismus der chinesischen Regierung wirkt sich auf den Einsatz innovativer Technologien bei ausländischen Automobilherstellern negativ aus, was sich insbesondere bei der Marktstudie gezeigt hat. Außer dem Modell Prius von Toyota befindet sich kein Plug-In Hybridfahrzeug eines ausländischen Herstellers auf dem chinesischen Markt. Auch andere alternative Antriebskonzepte, insbesondere LPG, sind zum Zeitpunkt der Studie bei den befragten Automobilhändlern nicht angeboten worden. Die Expertenbefragung bestätigt diese Ergebnisse durch die Aussage, dass die aktuellen Maßnahmen zur Reduzierung des Pkw-Aufkommens und des Kraftstoffverbrauches der chinesischen Regierung unzureichend sind. Die Expertenbefragung gibt auch Aufschluss darüber, warum der Einsatz von LPG zum jetzigen Zeitpunkt nicht sinnvoll ist – der Bekanntheitsgrad von LPG liegt innerhalb der Bevölkerung zwischen 10 und 20 Prozent und die vorhandene Infrastruktur ist unzureichend für eine größere Nachfrage.

Auf dem Fundament dieser Daten basiert das Szenario 1, das die wahrscheinliche Entwicklung der chinesischen Wirtschaft und des chinesischen Automobilmarktes darstellt. Alternative Antriebe können sich größtenteils nicht durchsetzen. Das größte Potenzial wird bei den Hybrid-Antrieben gesehen. Das Antriebskonzept LPG wird sich weiterhin nicht durchsetzen können, da in diesem Szenario keine Förderungen von der Regierung erwartet werden. Szenario 2 beschreibt eine ideale Entwicklung der chinesischen Wirtschaft und des chinesischen Automobilmarktes, was allerdings einen Paradigmenwechsel in der chinesischen Regierung erfordert. Szenario 2 zeigt dabei auf, dass alternative Antriebskonzepte bei klar strukturierten und transparenten Fördermaßnahmen auf dem chinesischen Markt Akzeptanz finden und dadurch fossile Antriebstechnologien ablösen können. Diese Faktoren werden nochmals in der Handlungsempfehlung für die chinesische Regierung verdeutlicht. Als wichtigster Punkt gilt hier die Empfehlung, alternative Antriebe, insbesondere LPG, in Klein- und Kleinstwagen von chinesischen Automobilherstellern bereits ab Werk zu integrieren. Dies hat den Vorteil, dass die Regierung die Einführung der Technologie gezielt steuern kann, zum Beispiel nach Regionen oder Absatzvolumen. Die beschriebenen Probleme des Bekanntheitsgrades der Technologie sowie der Infrastruktur Kraftstoffversorgung könnten somit gelöst werden. Die Kraftstoffversorgung wird parallel zum Wachstum des Marktes erweitert. Eine Erhöhung des Bekanntheitsgrades ist durch den serienmäßigen Einbau nicht mehr notwendig. Durch eine Anpassung des Volumens des Kraftstofftanks für den herkömmlichen Kraftstoff kann der Verbraucher zum Tanken von LPG gezwungen werden. Kaufsubventionen müssten nicht mehr bürokratisch festgelegt werden, sondern können über Subventionierungen der Automobilhersteller indirekt erfolgen.

Das Alternativ-Szenario stellt eine Möglichkeit der Entwicklung des Marktes dar, unter der Prämisse, dass die Maßnahmen der chinesischen Regierung zur Kontrolle des Immobilienmarktes nicht greifen. Aktuell scheint dieses Szenario daher nicht ausgeschlossen. Allerdings können viele Einflussfaktoren nicht erfasst werden, was eine genauere Ausgestaltung des Szenarios nicht ermöglicht. Es wird unter diesen Bedingungen einen Einbruch des Automobilmarktes geben. Wie stark dieser ausfällt, ist jedoch nicht abzuschätzen. Die unterschiedlichen Entwicklungen des Automobilmarktes innerhalb der Szenarien werden in Abbildung 5 verdeutlicht.

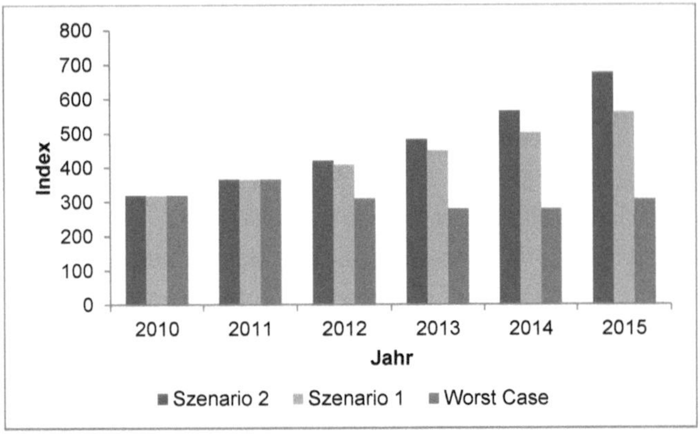

Abbildung 12: Entwicklung des Automobilmarktes nach Szenarien

Literaturverzeichnis

Amtsblatt der Europäischen Union (2007): Verordnung (EG) Nr. 715/2007 des Europäischen Parlaments und des Rates vom 20. Juni 2007.

Bloomberg (2011): Goldman Ends Bet on China Stocks as Growth Estimates Cut by UBS, Citigroup.

Bundeswehr (2011): Peak Oil – Sicherheitspolitische Implikationen knapper Ressourcen.

Bureau of Labor Statistics (2011a): International Labor Comparisons – China.

Bureau of Labor Statistics (2011b): International Labor Comparisons.

China Internet Information Center (2011): China eyes 7% annual growth from 2011 to 2015.

China Internet Information Center (2008): WTO showdown for China's auto tariffs.

Chinese Government (2011a): China enacts 18 social laws to maintain equity, promote harmony: white paper.

Chinese Government (2011b): IV. Improvement of the Socialist System of Laws with Chinese Characteristics.

Deutsche Bank Research (2011a): Elektromobilität.

Deutsche Bank Research (2011b): Chinas Wohnungsmärkte.

Energy Watch Group (2008): Zukunft der weltweiten Ölförderung.

Europäische Union (2007b): RICHTLINIE 2007/715.

European Comission (2011): Climate change.

HSBC (2010): China Strategy.

International Energy Agency (2010a): Beyond the OECD – China.

International Energy Agency (2011a): Natural Gas in China.

International Energy Agency (2011b): Oil Market Report.

International Energy Agency (2011c): World Energy Outlook 2011 Factsheet.

International Monetary Fund (2011a): Report for Selected Countries and Subjects.

International Monetary Fund (2011b): Asian Real Estate Markets: On Bubble Alert?

KPMG (2011): China's new Social Insurance Law.

National Bureau of Statistics of China (2010): China Statistical Yearbook 2010.

OECD (2011): China – Economic forecast summary.

World Health Organization (2011): Air quality and health.

Elektromobilitätsbezogene Infrastruktur

Peter Kleine-Möllhoff/Holger Benad/Marina Bruttel/Aron Leitmannstetter/ Mourad Ouaid/Stefan Will/Carsten Rennhak

Die Verknappung der Erdölreserven bei gleichzeitiger Zunahme der weltweiten Nachfrage hat in den letzten Jahren zu einer stetigen Erhöhung der Kosten für die Individualmobilität geführt. So kam es in Deutschland in den vergangenen zehn Jahren zu einem Anstieg des Benzinpreises von 49 Prozent und des Dieselpreises von 72 Prozent. Dies äußerte sich im Jahre 2011 durch einen bisherigen Höchststand von durchschnittlich 1,52 Euro pro Liter Superbenzin.[1] Die Wahrnehmung dieses Trends, im Zusammenhang mit der öffentlichen Berichterstattung über den Klimawandel, hat zu einer zunehmenden Sensibilisierung des Bewusstseins der Verbraucher geführt.

Der Wunsch nach Unabhängigkeit von Ölreserven bewirkt eine wachsende Akzeptanz für alternative Mobilität. Diesem Thema hat sich die Nationale Plattform Elektromobilität (NPE) gewidmet und stellte in ihrem zweiten Bericht ein wegweisendes Konzept vor. Schwerpunkt dieses Berichts ist es Rahmenbedingungen zu schaffen, die es ermöglichen sollen, bis zum Jahr 2020 eine Million Elektrofahrzeuge in den deutschen Automobilmarkt zu integrieren.[2]

Im Rahmen dieses Beitrages sollen die Auswirkungen der zunehmenden Elektromobilität auf infrastrukturelle Aspekte betrachtet werden. Darunter fallen unter anderem Themenbereiche wie die Stromversorgung, Ladekonzepte sowie die Integration von Elektrofahrzeugen in den zukünftigen Straßenverkehr. Im Allgemeinen beinhalten die genannten Infrastrukturaspekte tendenziell reaktive Maßnahmen. Dies bedeutet, dass ihre Entwicklung von dem Fortschritt der Elektromobilität abhängig ist und eher eine Anpassung an die gegebene Marktsituation erfordert. Im Um-

---

1 Vgl. Sueddeutsche Zeitung (2011).

2 Vgl. Nationale Plattform Elektromobilität (2011b).

kehrschluss bedeutet dies, dass infrastrukturelle Aspekte mit zunehmender Marktdurchdringung der Elektrofahrzeuge an Relevanz gewinnen werden. Aufgrund der bisher sehr geringen Anzahl rein elektrisch angetriebener Fahrzeuge befindet sich eine Vielzahl der Infrastrukturthemen noch in einer frühen Phase der Entwicklung. Unabhängig davon sollte dieses Fachgebiet schon heute Beachtung finden, da die Umsetzung als zeitaufwendig einzustufen ist und starke Wechselwirkungen mit anderen Entwicklungsfeldern zu erwarten sind.

Vorgehensweise und Methodik

Zur Gewinnung wissenschaftlicher Erkenntnisse existiert eine Vielzahl möglicher Vorgehensweisen. Wichtig ist es, sich vorab einen Überblick über diese zu verschaffen und eine Auswahl geeigneter Verfahrensweisen zu treffen, die sich für die spezifische Problemstellung bewährt haben. Ein Aspekt dabei ist die logische Herangehensweise zur Generierung wissenschaftlicher Erkenntnisse hinsichtlich der Aufgabenstellung, wobei hier grundsätzlich zwischen dem induktiven (Bottom-Up-Verfahren) und deduktiven (Top-Down-Verfahren) Ansatz unterschieden wird. Bei ersterem wird aus einer Vielzahl von Einzelerkenntnissen ein Zusammenhang gebildet, um anschließend eine fundierte Hypothese zu entwickeln. Bei der deduktiven Herangehensweise hingegen steht zu Beginn eine auf Vermutungen basierende Theorie, welche anschließend durch Einzelerkenntnisse zu einer Hypothese weiterentwickelt werden kann und abschließend bestätigt oder widerlegt wird. Ein weiterer Aspekt möglicher Vorgehensweisen ist die Beschaffungsweise der Daten. Grundlegend kann zwischen der Sekundärforschung (Desk Research) und Primärforschung (Field Research) unterschieden werden.

Für diesen Beitrag sollen vorab einige besonders geeignete Vorgehensweisen und Methoden herausgestellt werden. Hinsichtlich der logischen Herangehensweise ist der Top-Down-Ansatz zu bevorzugen, da bereits eine Vielzahl von Hypothesen im Rahmen von Reports und Prognosemodellen, wie beispielsweise in Form des zweiten Berichts der NPE, existieren. Um den damit einhergehenden Bewertungsaufwand der vielzähligen Dokumente zu minimieren, sind vorab Projektprämissen zu definieren, welche den Untersuchungsumfang eingrenzen. Außerdem gilt es, aus dem großen Sachgebiet der Elektromobilität Themenblöcke zu definieren, welche als separate Arbeitspakete bearbeitet werden können. Anschließend können aus diesen Themenblöcken, wie beispielsweise der Energie oder Verkehrsinfrastruktur, Optionsfelder abgeleitet werden (siehe Abbildung 1). Diese Optionsfelder stellen mögliche Technologiepfade dar, schließen sich gegenseitig aus und besitzen individuelle Vor- und Nachteile.

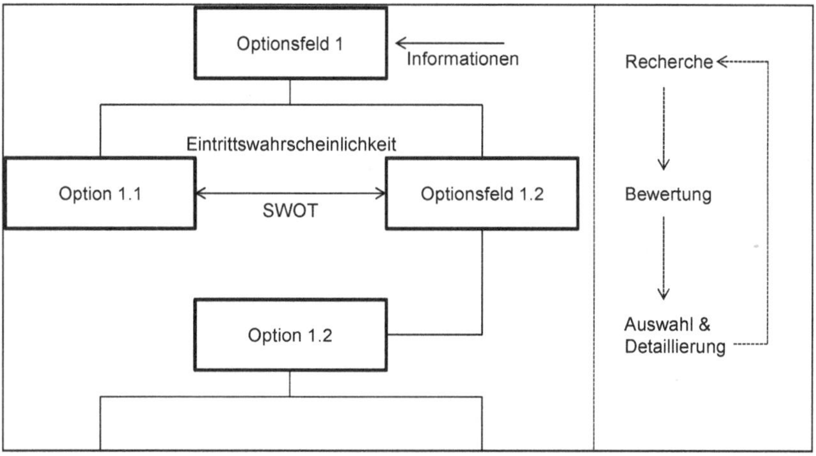

Abbildung 1: Recherche- und Bewertungsansatz

Hinsichtlich der Beschaffungsweise der Daten ist die Desk Research aufgrund ihrer Vorzüge die geeignetste Methode. Sie ermöglicht es, zeiteffizient ein Gesamtbild der Thematik zu generieren, was das wichtigste Ziel der Grobanalysephase ist. Die etwas geringere Qualität der Daten wird dabei aufgrund der Rechercheeffizienz in Kauf genommen. Gegen zusätzliche Aktivitäten einer Field Research, wie beispielsweise die Expertenbefragungen, spricht vor allem der Faktor Informationsbarrieren. Aufgrund der hohen Aktualität und Brisanz des Themas Elektromobilität sind die Chancen gering, über diesen Weg umfassende und aktuelle Informationen zu erlangen.

Die dargestellte Vorgehensweise eignet sich für ein kurzfristiges Szenario 2020, für langfristige Betrachtungszeiträume (hier: Szenario 2050) ist aufgrund der mangelnden Informationsbasis den Kreativitätsmethoden Vorzug zu geben (siehe Abbildung 2).

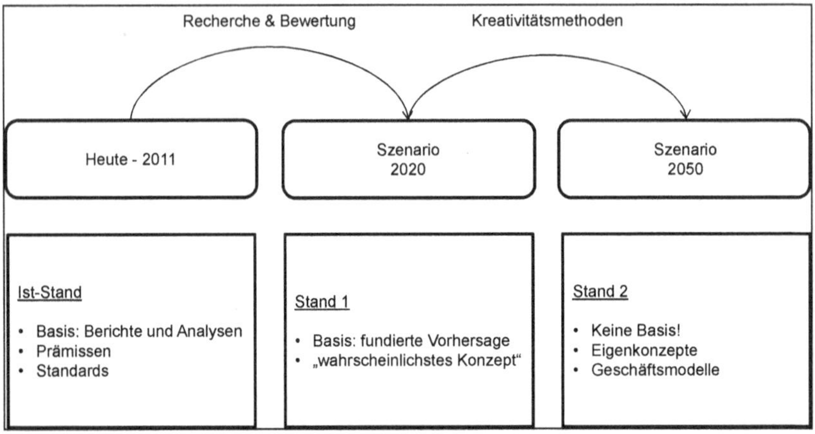

Abbildung 2: Szenarienentwicklung

Stromversorgung und Netzinfrastruktur

Gegen Ende des 19. Jahrhunderts wurde weltweit damit begonnen, Haushalte und Industrie mit einer öffentlichen Elektrizitätsversorgung auszustatten. In der heutigen Gesellschaft, die geprägt ist von komplexen und voll automatisierten Produktionsprozessen sowie einer immer weiter fortschreitenden Kommunikation, ist die Versorgung mit elektrischem Strom unverzichtbar geworden. Eine zuverlässige Stromversorgung für alle ist eine Selbstverständlichkeit. In Deutschland sind die Ansprüche an die Netzstabilität dementsprechend sehr hoch. Um diese Versorgungssicherheit zu messen, wird eine Kennzahl verwendet, welche die durchschnittliche Nichtverfügbarkeit von elektrischer Energie pro Jahr bewertet. Dieser Wert betrug in Deutschland im Jahr 2010 14,90 Minuten.[3] Die hohe Zuverlässigkeit des deutschen Stromnetzes wird hierdurch bestätigt.

3 Vgl. *Bundesnetzagentur* (2011), S. 110.

Durch das Energiewirtschaftsgesetz (EnWG) sind die Betreiber der deutschen Stromnetze in der Pflicht, die störungsfreie Versorgung mit elektrischer Energie zu gewährleisten.[4] Die Einhaltung dieser Verpflichtung wird durch unterschiedliche Einflussfaktoren in der Zukunft immer schwieriger und stellt die Energieversorger vor große Herausforderungen. Zum einen nimmt der Anteil der Erneuerbaren Energien am Strommix weiter zu. Deren Energiemengen können nur schwer berechnet werden und unterliegen volatilen Schwankungen. Zum anderen beschloss die Bundesregierung Mitte 2011 den Ausstieg aus der Atomenergie. Eine Folge könnte die erhebliche Reduzierung der verfügbaren Strommenge zur Deckung der Grundlast sein. Um eine hohe Spannungsqualität zu gewährleisten, muss jedoch zu jedem Zeitpunkt ebenso viel Strom in das Netz eingespeist werden, wie in diesem Moment verbraucht wird. Nur so können Kraftwerksausfälle und Netzzusammenbrüche vermieden werden.[5]

Des Weiteren wird die Netzbelastung durch die Entwicklung der Elektromobilität zunehmen. Nach den Plänen der Bundesregierung sollen im Jahre 2020 eine Million reine Elektrofahrzeuge auf deutschen Straßen fahren, die zusätzlichen Strom benötigen. Der Strombedarf eines Elektrofahrzeugs liegt mit ca. 2.200 kWh pro Jahr in der Größenordnung eines kleineren Familienhaushaltes.[6] Es stellt sich also die Frage, ob diese zusätzliche Belastung durch die deutschen Stromversorger gedeckt werden kann, oder ob Investitionen in zusätzliche Energiequellen nötig sind.

Über das Jahr verteilt legt ein herkömmlicher Pkw eine Strecke von ca. 14.000 km zurück.[7] Der Verbrauch an elektrischer Energie wird von den Herstellern mit ca. 15 kWh für eine Strecke von 100 km ausgewiesen. Das Wirtschaftsministerium Baden-Württemberg hat nun errechnet, dass eine Million Elektrofahrzeuge im Jahr 2020 zu einem zusätzlichen Strombedarf von 2,2 TWh führen würden. Gemessen am Gesamtstromverbrauch Deutschlands, der im Jahr 2008 bei 614 TWh[8] lag, bedeutet dies

4 Vgl. Bundesministerium der Justiz (2005).

5 Vgl. Wirtschaftsministerium Baden-Württemberg (2010), S. 14.

6 Vgl. *ebenda*, S. 100.

7 Vgl. *Shell* (2009).

8 Vgl. Wirtschaftsministerium Baden-Württemberg (2010), S. 100.

einen Zuwachs von lediglich 0,36 Prozent. Es ist davon auszugehen, dass dieser Bedarf bereits mit den vorhandenen Kapazitäten gedeckt werden könnte.[9] Zudem ist es fraglich, ob mit einem Elektrofahrzeug dieselbe jährliche Strecke zurückgelegt wird, oder ob sich das Einsatzgebiet ausschließlich auf urbane Bereiche begrenzen wird.

Eine fortschreitende Marktdurchdringung der Elektrofahrzeuge z. B. auf 15 Prozent (entspricht 6,3 Millionen E-Fahrzeuge) würde zu einer Erhöhung des Strombedarfs von 2,3 Prozent führen. Abschließend würde eine vollständige Elektrifizierung aller Fahrzeuge in Deutschland den Bedarf an elektrischer Energie um 15 Prozent erhöhen.[10]

Ladelast in Abhängigkeit des Fahrverhaltens

Um die Auswirkungen einer fortschreitenden Elektrifizierung auf das Stromnetz in Deutschland beurteilen zu können, ist jedoch nicht die tatsächlich benötigte Menge an Strom über das Jahr gerechnet von Bedeutung, sondern vielmehr die Leistung, die an bestimmten Zeitpunkten im Verlauf eines Tages bereitgestellt werden muss. Abbildung 3 gibt in einem ersten Schritt eine Übersicht über die im Tagesverlauf benötigte Menge an elektrischer Energie. Eindeutig zu erkennen sind drei Spitzen gegen 8 Uhr morgens, 11 Uhr mittags sowie 17 Uhr nachmittags. Zu diesen Zeitpunkten sind die bereitgestellte Kraftwerksleistung sowie die von den Verbrauchern benötigte Energie am höchsten.

---

9 Vgl. *Linssen et al.* (2009).

10 Vgl. Wirtschaftsministerium Baden-Württemberg (2010), S. 100.

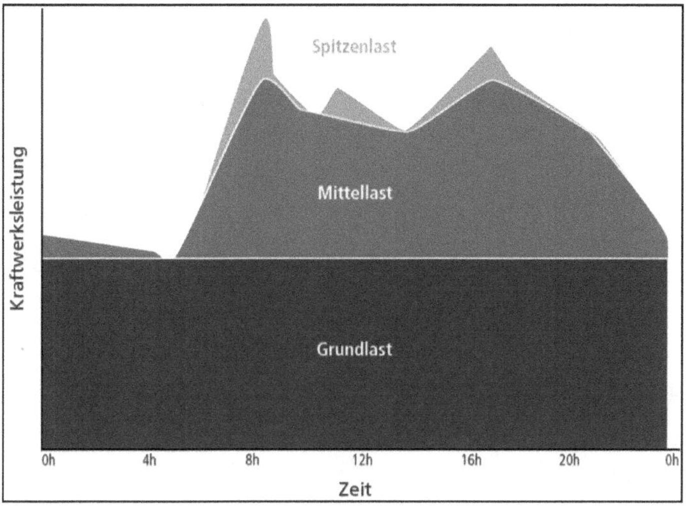

Abbildung 3: Stromverbrauch im Tagesverlauf[11]

Um nun den Ladebedarf von Elektrofahrzeugen zu bestimmen, muss zuerst das Verkehrsaufkommen analysiert werden. Die Bundesanstalt für Straßenwesen betrachtete hierfür die Zeitpunkte der Zu- und Abfahrten der Parkplatzbelegungen und stellte diese durch sogenannte Parkraumkennlinien dar.[12] Es ist davon auszugehen, dass in der Einführungsphase der Elektromobilität der Ladevorgang hauptsächlich am Wohnort stattfinden wird (Ladeprozesse am Arbeitsplatz werden nicht betrachtet).[13]

---

11 Wirtschaftsministerium Baden-Württemberg (2010), S. 14.

12 Vgl. Bundesanstalt für Straßenwesen (2000).

13 Vgl. *Schnettler et al.* (2010), S. 2.

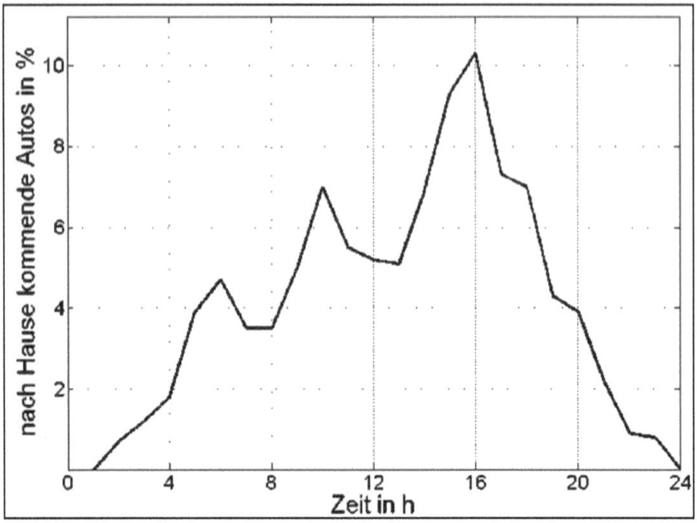

Abbildung 4: Zeitlicher Verlauf der zum Wohnort zurückkehrenden Fahrzeuge[14]

Deutlich erkennbar ist, dass ca. ein Drittel der Fahrzeuge zwischen 16 und 19 Uhr an ihren Parkplatz am Wohnort zurückkehren. Es ist damit zu rechnen, dass das Elektrofahrzeug sofort nach Ankunft an die Ladestation angeschlossen wird. Dies kann zu zusätzlichen Belastungen des Stromnetzes in diesem Zeitraum führen.

In den Untersuchungen von *Linssen et al.* aus dem Jahr 2009 wurde genau dieses Problem behandelt. Ausgehend von einer Million Elektrofahrzeugen und einer Normalladung mit einer Ladeleistung von 3,7 kW sind vier unterschiedliche Szenarien betrachtet worden.[15] Die benötigte Ladeleistung konnte in allen Szenarien zu jeder Zeit durch die vorhandenen Kraftwerkskapazitäten zur Verfügung gestellt werden. Abbildung 5 gibt einen Überblick über die unterschiedlichen Szenarien sowie die verfügbare Kraftwerksleistung.

---

14 Vgl. *Pollok et al.* (2010), S. 2.

15 Vgl. *Linssen et al.* (2009).

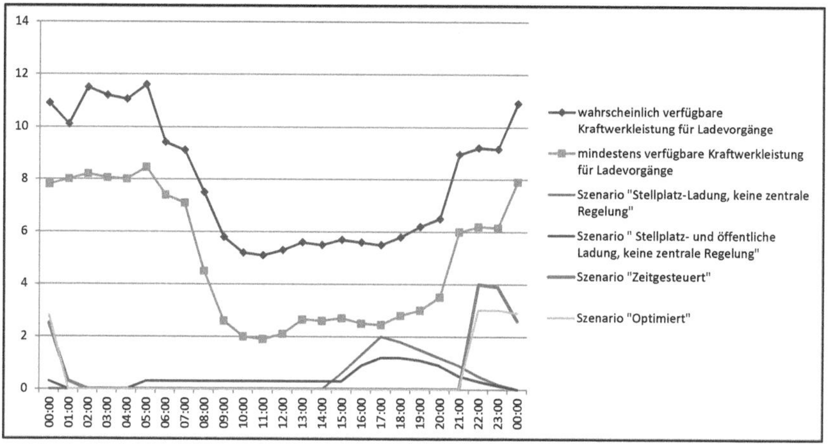

Abbildung 5: Benötigte Ladeleistung für 1 Mio. E-Fahrzeuge und verfügbare Kraftwerkskapazitäten[16]

Das Szenario „Stellplatz-Ladung, keine zentrale Regelung“ entspricht in diesem Fall der vorher genannten Situation einer Ladestation am Wohnort. Mit der weiter fortschreitenden Entwicklung der Elektrofahrzeuge, im Speziellen der Batterietechnologie, wird es jedoch zu einer Erhöhung der Ladeleistungen kommen. Um die Auswirkungen dieser Erhöhung bereits heute abschätzen zu können, wurde von der *RWTH Aachen* eine Studie durchgeführt. Hierzu wurden zwei unterschiedliche Ladeorte mit jeweils unterschiedlicher Marktdurchdringung sowie wechselnder Ladeleistung verglichen. Es zeigte sich, dass die zusätzliche Belastung durch Ladeleistungen bis 14 kW und einer Marktdurchdringung von 10 Prozent für ein innerstädtisches Stromnetz keine Probleme darstellt.[17] Anders verhält sich die Netzüberlastung in vorstädtischen Netzen. Da die vorhandenen Kapazitätsreserven hier deutlich niedriger sind, ist im gleichen Fall (Ladeleistung 14 kW, Marktdurchdringung 10 Prozent) bereits mit einer Überlastung des Stromnetzes von fast 10 Prozent zu rechnen. Beide Szenarien werden verstärkt, „wenn in einem Parkhaus viele Fahrzeuge gleichzei-

---

[16] Wirtschaftsministerium Baden-Württemberg (2010), S. 101.

[17] Vgl. *Theisen* (2009), S. 12.

tig [...] geladen würden"[18]. In diesem Fall ist mit Netzengpässen und stärkeren Überlastungen zu rechnen.

Zusammenfassend lässt sich sagen, dass das deutsche Stromnetz bereits heute über ausreichend Kapazitäten verfügt, um dem Ziel der Bundesregierung von einer Million Elektrofahrzeugen bis 2020 gerecht zu werden. Bei weiter fortschreitender technischer Entwicklung könnten jedoch vereinzelt Netzüberlastungen auftreten. Besonders kritisch sind in diesem Zusammenhang Orte, an denen gleichzeitig viele Elektrofahrzeuge geladen werden müssen. Es sollte frühzeitig damit begonnen werden, ein intelligentes Lastmanagement einzuführen, welches Lastspitzen verhindert, die Netzstabilität verbessert und eine effizientere Ausnutzung der vorhandenen Kapazitäten ermöglicht.[19] Dieses Lastmanagement darf jedoch nicht alleine auf das Stromnetz beschränkt werden. Bereits heute sind einfache Maßnahmen in Elektrofahrzeugen realisierbar, die zu einer Netzstabilisierung in kritischen Situationen führen.[20]

Verbesserte Netzintegration Erneuerbarer Energien durch Elektromobilität

Das vorherige Kapitel betrachtete die Entwicklung der Elektromobilität in Bezug auf das gesamte deutsche Stromnetz. Nicht beachtet wurden bisher der wachsende Anteil Erneuerbaren Energien und ihre Auswirkungen auf die Elektromobilität. Die Ausbauziele der Bundesregierung sowie die im ersten Halbjahr 2011 überschrittene Quote von 20 Prozent Erneuerbarer Energien am Strommix machen deutlich, dass eine effiziente und intelligente Verknüpfung unabdingbar ist. Der weitere Anstieg, speziell der Windkraft und der Photovoltaik, wird einen deutlichen Anstieg der Fluktuationen auf der Seite der Erzeugung zur Folge haben.[21] Schätzungen gehen davon aus, dass sich die Kraftwerkskapazitäten sowie die Stromproduktion der Erneuerbaren Energien bis 2020 etwa verdreifachen werden,

---

18 Vgl. Wirtschaftsministerium Baden-Württemberg (2010), S. 102.

19 Vgl. *Schnettler et al.* (2010), S. 5.

20 Vgl. *Pollok et al.* (2009).

21 Vgl. *Genoese et al.* (2009), S. 5.

wobei ein durchschnittliches jährliches Wachstum von über 9 Prozent angenommen wird.[22]

Eine Reduzierung des verkehrsbedingten CO_2-Ausstoßes durch elektrische Fahrzeuge ist aber nur dann möglich, wenn der benötigte Strom weitestgehend aus Erneuerbaren Energien und somit CO_2-neutral hergestellt wird. „Elektromobilität und Erneuerbare Energien gehören zusammen. Denn nur in dieser Kombination können wir Automobilität künftig klima- und ressourcenschonend gestalten [...]."[23]

Diese Kombination unterliegt jedoch Problemen, für die es Lösungen zu finden gilt. Zu Beginn ist der relativ niedrige Anlagennutzungsgrad der Erneuerbaren Energien zu nennen. Tabelle 1 verdeutlicht dies durch einen Vergleich mit Energie aus Braunkohle.

Grundlage: Jahr 2008	**Wind**	**Solar**	**Braunkohle**
Bruttostromerzeugungskapazität in GW	23,9	6,1	22,4
Bruttostromerzeugung in TWh	40,6	4,4	150,6
Maximal mögliche Stromerzeugung in TWh	209,4	53,4	196,2
Anlagennutzungsgrad in %	19,4	8,2	76,7

Tab. 1: Anlagennutzungsgrad unterschiedlicher Energieerzeugungsanlagen[24]

Zu beachten ist, dass es sich bei der maximal möglichen Stromerzeugung in TWh um eine fiktive Zahl handelt, die davon ausgeht, dass die Anlage 24 Stunden an 365 Tagen im Jahr verfügbar ist. Da die Anlagen zu Wartungs- und Reparaturzwecken jedoch abgeschaltet werden müssen, liegt der eigentliche Anlagennutzungsgrad niedriger. Erkennbar ist jedoch der generell sehr niedrige Wert der Erneuerbaren Energien im Vergleich zur Energiegewinnung aus Braunkohle. Gründe hierfür liegen in der zuvor

22 Vgl. Agentur für Erneuerbare Energien (2009).

23 *BEE* (2010): Zitat von *Dietmar Schütz*, Präsident des Bundesverbands Erneuerbare Energie am 16.05.2011.

24 Vgl. Bundesministeriums für Wirtschaft und Technologie, Arbeitsgruppe Erneuerbare Energien-Statistik (2008).

genannten volatilen Stromerzeugung der Erneuerbaren Energien. Windkraft ist nur schwer berechenbar und abhängig von der Windgeschwindigkeit. Mit dem weiteren Ausbau wird in der Zukunft vermehrt mit langen Phasen der Überproduktion z. B. im Herbst und der Unterproduktion z. B. im Winter zu rechnen sein.[25] Schon heute kann produzierter Strom aus Windkraftanlagen in Schwachlastzeiten nicht vollständig genutzt werden. Als Folge fließt Strom aus Norddeutschland in das Nachbarland Polen und führt dort zu Überlastungen des Stromnetzes.[26] Ähnlich verhält es sich bei Strom aus Photovoltaik, der von der Sonneneinstrahlung abhängig ist. Zu berücksichtigen ist hier neben der tatsächlichen Sonneneinstrahlung eines Tages auch die Jahreszeit. So ist in den Wintermonaten der spezifische Energieertrag deutlich geringer als in den Sommermonaten.[27]

Nach dem Kapitel „Ladelast in Abhängigkeit des Fahrverhaltens“ kann damit gerechnet werden, dass ca. ein Drittel der Fahrzeuge im Zeitraum von 16 Uhr bis 19 Uhr an ihrem Parkplatz am Wohnort mit Strom versorgt werden müssen. Da z. B. speziell Strom aus Photovoltaik in den Abendstunden nur bedingt zur Verfügung steht, ist es deshalb schwierig, die Fahrzeuge mit Strom aus dieser Quelle zu laden. Damit die Ladung mit Strom aus erneuerbaren Quellen besser möglich wird, muss die in Deutschland bisher vorherrschende verbrauchsabhängige Energieerzeugung sich in der Zukunft zu einer erzeugungsabhängigen Verbrauchersteuerung entwickeln.[28] Das bedeutet, dass eine Anpassung der Stromerzeugung an den Verbrauch nicht mehr vollständig möglich ist, vielmehr müssen intelligente Systeme den Verbrauch regeln und möglichst effizient an die Erzeugung angleichen. Zusätzlich ist verstärkt der Ausbau von Energiespeichern notwendig, damit die durch Erneuerbare Energien zeitweise überschüssige Stromerzeugung aufgenommen und zu Spitzenzeiten wieder in das Energienetz zurückgespeist werden kann.

---

25 Vgl. *Schwarzer* (2011).

26 Vgl. *Uken* (2011).

27 Vgl. *Sunstrom.de* (2011).

28 Vgl. *Schönfelder et al.* (2009), S. 2.

Zukünftige intelligente Stromnetze, sog. Smart Grids, in Kombination mit neuartigen Speichertechnologien sind bereits heute von großer Bedeutung, jedoch aufgrund der hohen Investitionskosten und des geringen Bedarfs noch nicht rentabel. In Verbindung mit der wachsenden Elektromobilität ist jedoch mit Synergieeffekten zu rechnen. Diese ermöglichen einen schnelleren Ausbau der Smart Grids. Die Elektrifizierung der Fahrzeuge kann als erstes wichtiges Einsatzgebiet und fester Bestandteil intelligenter Netze gesehen werden. Probleme, die mit dem weiteren Ausbau der Erneuerbaren Energien entstehen, können durch eine Verbindung mit der Elektromobilität vermindert werden.[29]

Smart Grid

„Grüner Strom braucht digitale Technik", so lautet die Überschrift eines in der *Frankfurter Allgemeinen Zeitung* veröffentlichten Artikels im Oktober 2011, der die Notwendigkeit von Smart Grids verdeutlicht.[30] Die in den vorherigen Kapiteln genannten Probleme der schwankenden Erzeugung Erneuerbarer Energien führen dazu, dass Energieunternehmen mit dem wachsenden Ausbau häufiger an der Börse Strom ver- oder einkaufen müssen. Größer werdende Schwankungen haben zur Folge, dass Unternehmen zeitweise Geld dafür bezahlen müssen, damit der produzierte Strom abgenommen wird.[31] Dieser widersinnige Zustand wird verstärkt durch eine unüberschaubare Anzahl von Verbrauchern und dezentralen Erzeugern, die nicht geregelt werden können.

Eine intelligente Technik, die das Stromnetz der Zukunft mithilfe von Informations- und Kommunikationstechnik steuert, wird somit immer wichtiger. Diese Technik macht es möglich, innerhalb kürzester Zeit auf sich verändernde Schwankungen zu reagieren. Denkbar sind Stromtarife, die ihre Preise je nach aktueller Verfügbarkeit der produzierten Strommenge anpassen und damit eine effizientere Auslastung des Stromnetzes ermöglichen. Zwei der Szenarien, die in Abbildung 5 beschrieben werden, zielen

---

29 Vgl. *ebenda*, S. 7.

30 Vgl. Riedmann de Trinidad (2011).

31 Vgl. *ebenda*.

genau auf diese Entwicklung ab und bringen die Entwicklung der Smart Grids in Verbindung mit Elektromobilität. Als erstes sei hier das Szenario „Zeitgesteuert“ zu nennen. Es unterliegt den gleichen Bedingungen wie das Szenario „Stellplatz-Ladung, keine zentrale Regelung“. Das bedeutet, der Fahrer schließt das Fahrzeug zur gleichen Zeit an die Stromversorgung an. Erkennbar ist jedoch, dass der Ladevorgang erst bei wachsender Verfügbarkeit der Kraftwerksleistung für Ladevorgänge beginnt. Ein rapider Anstieg der Gesamtleistung ist zu erkennen (siehe Abbildung 5). Diese liegt zwar höher als bei einem Ladevorgang ohne zentrale Regelung, führt jedoch nicht zu einer Verknappung der verfügbaren Leistung, da diese am späten Abend ebenfalls erhöht ist. Bei einer alleinigen zeitgesteuerten Aufladung kann allerdings noch nicht von einem Smart Grid gesprochen werden. Eine weitere Entwicklung hin zum Szenario „Optimiert“ ist nötig. Die Unterschiede in diesem Szenario sind in der Verlängerung der Ladezeit zu sehen. So wird mit einer niedrigeren Ladeleistung begonnen, die sich dann auf einen längeren Zeitraum erstreckt. Lastspitzen können somit weiter reduziert werden.

Wachsende Märkte der Elektromobilität ergeben sich in diesem Zusammenhang auch für Industrieunternehmen. Es ist davon auszugehen, dass sich Anwendungen der Smart Grids für Industrie und Gewerbe schneller durchsetzen werden als für normale Haushalte, da Kosteneinsparungen vor allem bei energieintensiven Industriebereichen zu erwarten sind und sich Investitionen schneller amortisieren. Die für den Leichtbau bedeutsame aber besonders energieintensive Aluminiumindustrie könnte zum einen durch flexible Strompreise die Kosten reduzieren, zum anderen durch eine Ab- und Zuschaltung zur Sicherung der Netzstabilität beitragen. Möglich ist das durch den Prozess der Aluminiumelektrolyse, der innerhalb einer Sekunde an- und abgeschaltet werden kann.[32]

Die Bedeutung der Verknüpfung von Elektromobilität und Smart Grids wird auch für kommunale Stadtwerke in der Zukunft weiter zunehmen. Das Gesamtkonzept der Elektromobilität wird wirtschaftlich attraktiver, da neben einer Erweiterung der Wertschöpfungskette und einer Erhöhung

---

[32] Vgl. *von Gersdorf* (2011).

der Angebotsvielfalt auch mit einer Know-how-Steigerung im Bereich intelligenter Netze zu rechnen ist.[33]

Das Potenzial der Smart Grids kann heute noch nicht vollständig genutzt werden, da unter anderem wirtschaftliche Anreize wie Vergütungskonzepte fehlen und durch den Gesetzgeber nicht ausreichend gefördert werden. Im Hinblick auf das Ziel einer kontinuierlichen CO_2-Reduzierung werden solche Konzepte unabdingbar, da Studien bereits gezeigt haben, dass der Einsatz von intelligenten Stromnetzen bis 2020 mehr als eine Milliarde Tonnen CO_2 einsparen kann.[34]

Vehicle to Grid

Neben Smart Grids spielen auch Speichertechnologien eine wichtige Rolle in dem Vorhaben, Elektrofahrzeuge zu 100 Prozent aus Erneuerbaren Energien zu betreiben. Vehicle to Grid ist in diesem Kontext die populärste Alternative zur Speicherung von Energie aus dem Stromnetz. Hierbei wird die in Elektrofahrzeugen verbaute Batterie zum Ausgleich von Stromschwankungen verwendet. Dieses Konzept steckt heute noch in einer sehr frühen Entwicklungsphase, und es müssen noch einige Fragen und Probleme geklärt werden, bevor ein solches Szenario umgesetzt werden kann. Zum einen ist nicht geklärt, welche Auswirkungen eine ständige Be- und Entladung auf die Lebensdauer der Batterie hat. Des Weiteren muss der Verbraucher der Nutzung seiner Batterie als Energiespeicher zustimmen und zuvor evtl. ein Nutzungsprofil des Fahrzeugs hinterlegen, damit eine Entladung der Batterie nur dann geschieht, wenn das Fahrzeug sich nicht bewegt. Das Potenzial dieser Speichertechnologie ist allerdings sehr groß, wie die folgenden Betrachtungen zeigen. Weniger als zehn Prozent der Pkws in Deutschland sind ständig in Bewegung, der Rest befindet sich im parkenden Zustand und könnte während dieser Zeit zum Ausgleich der Stromschwankungen dienen.[35] Zum Vergleich könnten 1 Million Elektrofahrzeuge mit einer Speicherkapazität von 25 kWh und einer 2/3

33 Vgl. *Pfeiffer* (2011), S. 9.

34 Vgl. *Siemens AG* (2010), S. 1.

35 Vgl. *Wilke* (2011).

Entladung eine Leistung von 10.000 MW liefern. Die Summe deutscher Pumpspeicherkraftwerke liegt gerade einmal bei 6.900 MW.[36] Weiterhin sind die in Kombination mit Smart Grids denkbaren flexiblen Strompreise zu nennen. So könnte ein Elektrofahrzeug den in der Nacht günstigen Strom von Windkrafträdern aufnehmen und zu Zeiten höherer Nachfrage und damit höherer Preise wieder an das Netz abgeben. So kann neben einer Stabilisierung des Stromnetzes auch eine Refinanzierung der hohen Kosten für Batterien geschehen. Eine Win-Win-Situation für den Autobesitzer, die Energieversorger und die Umwelt ist denkbar.[37]

Ladekonzepte

Mit dem Thema „Infrastruktur von Elektrofahrzeugen" verbindet sich unweigerlich die Frage, wo und wie die Elektrofahrzeuge in Zukunft betankt werden sollen. Um den Anteil an Elektrofahrzeugen zu steigern, sind optimale und einheitliche Ladekonzepte notwendig. Daher wird von vielerlei Seiten, wie beispielsweise vom *Fraunhofer Institut* (IAO), von Fahrzeugherstellern und von mittelständischen Unternehmen, zu diesem Themengebiet geforscht. Im Folgenden werden einige dieser Konzepte beschrieben und anschließend auf Machbarkeit hin geprüft.

Ladestecker

Um unabhängig an verschiedenen Stellen Strom tanken zu können, ist eine einheitliche Ladesteckvorrichtung notwendig. Nur so kann sich die Elektromobilität in der Zukunft durchsetzen. Die internationale Normierung ist momentan mit drei Ladesteckvorrichtungen mit unterschiedlichen Lösungsansätzen unterwegs. Neben dem Stecker einer deutschen Firma existieren ein japanischer sowie ein italienischer Entwurf. Der Typ-2-Stecker aus Deutschland berücksichtigt neben der Infrastrukturseite auch die Fahrzeugseite. Alle drei Stecker werden in der internationalen Norm IEC 62196-2 genormt. Somit können regional unterschiedliche Systeme zum Einsatz kommen. Da sie jedoch untereinander nicht kompatibel sind,

---

36 Vgl. Agentur für Erneuerbare Energie (2009).

37 Vgl. *Siemens AG* (2010), S. 2.

kann das problematisch bei der Suche nach der richtigen Ladesäule sein. Um dieses Problem zu umgehen, möchte man sich zumindest in Europa auf einen Stecker einigen. Hierzu haben sich europäische Energieunternehmen und Automobilhersteller deutlich für den deutschen Typ-2-Stecker der Firma Mennekes ausgesprochen.

Für die Schnellladung von Elektrofahrzeugen ist der Typ-2-Stecker allerdings nicht ausgelegt, da bei einer Schnellladung bis zu 125 A Ladestrom fließen. Der Stecker hierfür wird meist dem japanischen Standard von CHAdeMO angepasst.[38]

CHAdeMO steht für „Charge de Move“ oder auch „Charge for moving“. Mittels dieser Schnittstelle sind Ladeleistungen bis zu 65,5 kW möglich. Momentan ist dieser für die Ladung von Gleichstrom ausgelegt, für Europa wird jedoch gerade an einer Kombination gearbeitet, somit kann dann die Schnittstelle auch bei einer Ladung mit Wechselstrom eingesetzt werden. Der CAdeMO-Lader (JARI Level-3-DC-Stecker) macht es möglich, ein Elektrofahrzeug mittlerer Größe innerhalb von 30 Minuten auf 80 Prozent der Reichweite aufzuladen. Hierbei können Stromstärken von einigen hundert Ampere fließen. Innerhalb von 5 Minuten, was ungefähr einer Betankung mit Kraftstoff gleich kommt, können somit 30-40 km Reichweite geladen werden.[39]

Ladestationen

Prinzipiell kann zur Ladung eines Elektrofahrzeuges jede normale Steckdose in der Garage, Tiefgarage oder Einfahrt verwendet werden, da die meisten Elektrofahrzeuge mit einer Spannung von 230 V und einer Stromstärke von 16 A auskommen. Sinnvoll ist es, gerade bei höheren Spannungen, auf die Sicherheit einzugehen, da durch Ziehen des Steckers ein Schaltlichtbogen entstehen kann, welcher den Verschleiß der Buchse sowie des Steckers erhöht und zusätzlich zur Gefährdung der den Stecker ziehenden Person führen kann. Hiervor schützt beispielsweise ein Pilotkontakt (Control Pilot).

---

38 Vgl. Wirtschaftsministerium Baden-Württemberg (2010), S. 22.

39 Vgl. CHAdeMO Association (2011).

Viele Stromversorger in Deutschland entwickelten schon früh unterschiedliche Ladestationen-Designs, so auch beispielsweise E.ON. Im Rahmen des E.ON/BMW E-Mini-Pilotversuchs im Jahr 2009 wurden 16 Ladestationen der Variante 1.0 in und um München installiert. Bei der Variante 1.0 standen die Aspekte Leistung, Branding und eine schöne Optik im Vordergrund. Seit 2010 wird jedoch nun mehr Wert auf Funktionalität, Kompaktheit, Modularität und Herstellkosten gelegt.[40]

Die Anschaffungs- und Anschlusskosten für Ladestationen sind relativ gering, jedoch müssen zusätzlich Kosten zur Sicherstellung der Betriebssicherheit sowie Folgekosten durch Vandalismus mitberücksichtigt werden. Diese Kosten können nicht alleine durch den Stromverbrauch gedeckt werden, es sei denn, der Kunde wäre bereit, einen höheren Betrag im Vergleich zur Ladung im privaten Bereich zu bezahlen.[41]

Ladeorte

Momentan sind noch relativ wenige Elektrofahrzeuge käuflich zu erwerben, aus diesem Grund hat ein flächendeckender und umfangreicher Ausbau von privaten und öffentlichen Ladestationen noch nicht begonnen.

Privater/gewerblicher Bereich

In den meisten Fällen wird im privaten Bereich momentan noch an einfachen Schuko- oder Industriesteckdosen geladen. Der Ausbau von Ladevorrichtungen wird jedoch in den nächsten Jahren deutlich zunehmen. Vorteile beim Laden im privaten Bereich ist der relativ kostengünstige Verbau, da oft von einer geringen Vandalismusgefahr ausgegangen werden kann. Günstiger gestaltet sich die Heimladung zusätzlich durch meist geringe Ladeleistungen von bis zu 22 kW im Wechsel- sowie 50 kW im Gleichstrombereich. Teure Kühlsysteme, Schutzeinrichtungen und eine Ladesteuerung sind somit nur mit geringen oder keinen Kosten verbun-

---

40 Vgl. *Eckstein* (2010), S. 2f.

41 Vgl. *ebenda.*

den. Auf genauere Kostenvergleiche wird im Kapitel „Normalladung“ eingegangen.

Selbstverständlich bieten Anbieter, wie beispielsweise die Stadtwerke München, Ladestationen nicht nur für den privaten Bereich, sondern auch für den gewerblichen Bereich an. Durch relativ hohe Fahrzeugstandzeiten am Arbeitsplatz ist das Laden an diesem Ort ebenso wichtig wie das Laden zuhause.

Öffentlicher Bereich

Im Vergleich zum privaten Bereich nahm die Anzahl der Ladestationen im öffentlichen Bereich etwas schneller zu. Diese werden meist im Rahmen von Modellregionen und Flottenversuchen installiert.

Die meisten öffentlichen Ladestationen sind im Internetportal LEMnet hinterlegt, dieses zählt momentan 1.447 öffentlich zugängliche Stromtankstellen (Stand 27.10.2011). Ein sehr dicht besiedeltes Netz findet sich im Neckar-Alb Kreis, in der Gegend Erlangen-Nürnberg sowie im Ruhrgebiet.[42]

Im Folgenden werden einige Projekte/Versuche zur Ausweitung von öffentlichen Ladestationen beschrieben, um einen kleinen Überblick der derzeitigen Aktivitäten in diesem Bereich zu geben:

Zürich möchte bis zum Jahr 2030 mehr als 34 Prozent der Parkplätze in Tiefgaragen mit Ladeanschlüssen ausstatten.[43]

Derzeit wird in Düsseldorf ein Projekt durchgeführt, welches Straßenlaternen zur Ladung der Elektrofahrzeuge verwendet. Eine Umrüstung der vorhandenen Laternen ist mit relativ wenig Aufwand verbunden. Am unteren Ende wurden hierfür eine Steckdose sowie ein Stromzähler integriert. Eine Ampel zeigt an, ob gerade ein Fahrzeug geladen wird (rot), oder ob die Ladestation frei ist (grün). Der Umbau kostete zwischen 500 Euro und 1.000 Euro. Um die Ladestationen nutzen zu können, muss sich der Fahrer vorher registrieren lassen. Mittels eines elektronischen Chips kann

---

42 Vgl. *LEMnet* (2011).

43 Vgl. *EWZ* (2010).

nun das Fahrzeug für 4 Euro betankt werden, somit könnten sich die Laternen auf Dauer selbst finanzieren und der Stadt zu zusätzlichen Einnahmen verhelfen. Nachteil dieser Ladeart ist jedoch, dass nur mit sehr geringen Ladeströmen geladen werden kann und somit die Ladezeit relativ lang ist.[44]

Zu nennen ist an dieser Stelle auch das aus Österreich stammende Unternehmen The Mobility House. Neben dem Fahrzeug bietet es die Ladeinfrastruktur im privaten und öffentlichen Umfeld sowie den Strom aus Erneuerbaren Energiequellen an. Das Unternehmen, welches führender Dienstleister im Elektromobilitätsmarkt ist, bietet somit ein Gesamtpaket für den Kunden an. Es kooperiert neben Mercedes Benz Österreich auch mit dem Parkraumbewirtschafter APCOA. Gemeinsam mit diesem stattet The Mobility House öffentliche Parkplätze mit Ladepunkten aus.[45]

Fahrzeugflotten

In diesem Abschnitt soll zusätzlich auf die Elektromobilität innerhalb von Flotten eingegangen werden, da ein Großteil von Firmen über eine Fahrzeugflotte verfügt. Diese machen einen relativ großen Anteil am Gesamtfahrzeugbestand in Deutschland aus. Das *Kraftfahrt-Bundesamt* ermittelte in Deutschland im Jahr 2011 rund 42,4 Millionen Personenkraftwagen, davon waren 10 Prozent Flottenfahrzeuge.[46] Das *Handelsblatt* gab 2010 3,1 Millionen Neuzulassungen an, von denen mehr als 22 Prozent Flottenfahrzeuge waren.[47] Zusätzlich werden diese Fahrzeuge oftmals meist regional verwendet, sie legen somit nur geringe Strecken zurück. Hinzu kommt, dass Firmen Vorbilder für Privatleute sein könnten und somit Anreize schaffen, ebenfalls Elektrofahrzeuge zu nutzen.

Das Projekt Future Fleet ist eines der momentan bekanntesten Projekte im Bereich Elektromobilität von Flottenfahrzeugen. Mit Unterstützung der Bundesregierung wurden beispielsweise Teile der Flottenfahrzeuge der

---

44 Vgl. *Mein Elektroauto* (2011).

45 Vgl. The Mobility House (2011).

46 Vgl. Kraftfahrt-Bundesamt (2011).

47 Vgl. *Jürgens* (2010).

SAP AG und der MVV Energie AG vor allem im Bereich Walldorf, St. Leon-Rot, Bensheim, Karlsruhe und Mannheim auf Elektrofahrzeuge umgestellt. Diese wurden an über 40 Ladepunkten an den SAP-Standorten sowie bei der MVV in Mannheim geladen. Der Kunde autorisierte sich mittels einer Ladekarte an der Ladestation, nach dem Einstecken begann dann der Ladevorgang automatisch. Über 50 SAP-Mitarbeiter nahmen an diesem achtmonatigen Projekt teil. Eingesetzt wurden 27 Elektrofahrzeuge, welche über 100.000 Kilometer zurücklegten.[48]

Nach Beendigung und Auswertung des Projektes stellte sich heraus, dass der Einsatz von Elektrofahrzeugen in Dienstwagenflotten möglich ist. 75 Prozent der Teilnehmer waren mit der Nutzung der Fahrzeuge zufrieden bis sehr zufrieden. 20 Prozent konnten sich vorstellen, in den nächsten 3 Jahren, ganze 50 Prozent in den nächsten 5 Jahren ein Elektrofahrzeug zu kaufen. Die Ladepunkte, welche Strom aus vollständig Erneuerbaren Energien verwenden, werden weiterhin genutzt.[49]

Fazit Ladeorte

Die Frage, ob ein Elektrofahrzeug zuhause geladen werden kann, ist eng damit verbunden, ob ein eigener Parkplatz besteht. In Baden-Württemberg haben 75 Prozent der Fahrzeuginhaber einen eigenen Stellplatz. Dieser Prozentsatz liegt weit über dem Durchschnitt von 63 Prozent in Deutschland.[50] Darüber hinaus haben, laut einer Studie von *Bain & Company*, 40 bis 70 Prozent aller Elektrofahrzeugbesitzer die Möglichkeit, ihr Fahrzeug am Arbeitsplatz zu laden. Somit liegt der Prozentsatz derer, die weder am Arbeitsplatz noch am privaten Stellplatz laden können, bei lediglich 10 bis 15 Prozent.[51] Eine Mobilitätsuntersuchung von *McKinsey* zeigt zusätzlich, dass die täglich zurückgelegte Fahrstrecke weniger als 40 km beträgt, und 90 Prozent aller Tagesfahrstrecken unter 100 km lie-

---

48 Vgl. *Future Fleet* (2011).

49 Vgl. *ebenda*.

50 Vgl. *Statistisches Bundesamt* (2009), S. 22.

51 Vgl. *Matthies* (2010), S. 10.

gen. Zu erkennen ist auch, dass 70 Prozent der Fahrten am eigenen Stellplatz oder am Arbeitsplatz enden.[52]

Auch bei einem geringen Bedarf könnte eine öffentliche Ladeinfrastruktur die Entwicklung der Elektromobilität fördern, da diese den Ängsten der Verbraucher entgegenwirkt, möglicherweise mit dem Fahrzeug stehen zu bleiben. Eine Vielzahl von Stromtankstellenplätzen könnte auch ein Anreiz sein, ein Elektrofahrzeug zu kaufen. Um zusätzlich auch die Personengruppen zu erreichen, welche keinen eigenen Stellplatz besitzen, müssen genügend öffentliche Ladestellen verfügbar sein.

Ein Problem sind jedoch die Kosten einer öffentlichen Ladestation, die momentan nicht nur mit dem Verkauf von Strom gedeckt werden können. Um diese Kosten zu decken, sind neue Geschäftsmodelle notwendig. Innerstädtisches Parken ist meist nicht günstig. Es müssten unterstützende Kombinationen geschaffen werden, welche Parkgebühren und Stromkosten verbinden. Des Weiteren könnten Ladestromkonzepte mit einer monatlichen Grundgebühr eine hilfreiche Möglichkeit darstellen.[53]

Im Bereich der Integration von Elektrofahrzeugen in Flotten herrscht von Seiten der Flottenbetreiber momentan noch Unsicherheit hinsichtlich des Images der Firma, der Sicherheit des Fahrzeuges, des geringen Angebots und der hohen Kosten der vorhandenen Elektrofahrzeuge auf dem Markt, der Länge der Ladezeiten sowie der Begrenzungen hinsichtlich der Reichweiten und Tankmöglichkeiten. Eine Umfrage des *TÜV Süd* ergab, dass trotz dieser Unsicherheiten fast 60 Prozent der Flottenbetreiber in Deutschland Interesse am Thema Elektromobilität zeigen.[54] Eine Umfrage der Firma *Dataforce* fand zudem heraus, dass jeder dritte Flottenverantwortliche Elektrofahrzeuge in den eigenen Fuhrpark integrieren könnte.[55] Möchte man Elektrofahrzeuge nun in die Flotte aufnehmen, stellt sich die Frage nach der Länge der zurückzulegenden Fahrstrecken sowie der Planbarkeit des Fahrzeugeinsatzes, der Standzeiten und der Auslastung.

---

52 Vgl. *McKinsey* (2010).

53 Vgl. Bundesministerium für Umwelt, Naturschutz und Reaktorsicherheit (2009).

54 Vgl. *Kuther* (2010).

55 Vgl. *Fuhrpark.de* (2010), S. 20.

Der Einsatz setzt auch eine entsprechende Ladeinfrastruktur voraus. Kann beispielsweise auf privatem Grund, an öffentlichen Orten oder sogar beim Kunden geladen werden?

Tendenziell können all diese Punkte Hindernisse für eine Integration darstellen, jedoch kehren besonders lokal agierende Dienstleister wie Handwerker, Beratungsunternehmen oder Wohlfahrtsverbände wie Essen auf Rädern auf private Parkplätze zurück und weisen oft genügend Standzeiten zur Beladung auf. Bei Flottenfahrzeugen wie beispielsweise bei Taxis, welche eher geringe Standzeiten aufweisen, kann über einen Batteriewechsel oder über induktive Ladeschleifen im Boden von Taxiständen nachgedacht werden.

Ladearten

Normalladung

Unter Normalladung wird das Wechselstromladen von bis zu 3,7 kW verstanden (230 V, 16 A, einphasig). Hierfür kann meist ein einfacher Haushaltsstecker verwendet werden, aus Sicherheitsgründen bietet sich jedoch ein Industriestecker an.

Im Bereich der Normalladung werden im Folgenden drei Lademodi unterschieden[56]:

<u>Modus 1:</u>

Hierzu wird Ein- oder Dreiphasen-Wechselstrom (230 V/400 V) bis maximal 16 A verwendet. Daraus ergibt sich eine maximale Ladeleistung von 3,7 kW bzw. 11 kW. Wegen einer vergleichsweise niedrigen Ladeleistung ist eine Ladesteuerung nicht unbedingt notwendig. Normale Haussteckdosen wie Schuko-Steckdosen sind für diese Ladung ausreichend. Bei Dreiphasen-Wechselstrom können jedoch Industrie-Drehstromstecker, sogenannte CEE-Stecker, verwendet werden. Modus 1 ist allerdings aus Sicherheitsgründen nicht in allen Ländern erlaubt.

---

[56] Vgl. Wirtschaftsministerium Baden-Württemberg (2010), S. 20.

Modus 2:

Bei dieser Methode wird identisch zu Modus 1 Ein- oder Dreiphasen-Wechselstrom (230 V/400 V) verwendet, allerdings bei einer Stromstärke von bis zu 32 A. Dies bietet eine Ladeleistung von 7,4 kW bzw. 22 kW. Bei dieser Methode ist eine Ladesteuerung mit einer zusätzlichen Sicherung im Kabel notwendig. Dieser sogenannte Control Pilot aktiviert und deaktiviert den Stromfluss, und im Fall einer fehlerhaften Verbindung ohne Erdung oder falschem Anschließen wird der Stromfluss unterbrochen. Bei dieser Methode können, wie bei Methode 1, Haushalts- sowie Industriestecker verwendet werden, jedoch wird dann der Ladestrom auf 16 A begrenzt.

Modus 3:

Bei diesem Modus wird ein Verfahren identisch zu Modus 2 oder eine Wechselstrom-Schnellladung mit bis zu 250 A verwendet. Hierfür müssen spezielle Ladestecker sowie der oben beschriebene Control Pilot verwendet werden. Dieser kann zusätzlich die Strombelastbarkeit und den Stromfluss der Ladestation steuern sowie die Verbindung zwischen Stecker und Fahrzeug verriegeln.

Die Normalladung benötigt durch ihre relativ niedrige Ladeleistung zwischen 3 und 16 Stunden, je nach Netzanschluss, bis die Batterie vollständig geladen ist. Zum Beispiel spricht man bei einer Ladeleistung von 3,7 kW (230 V, 16 A, einphasig) bei einer Batteriekapazität von 30 kWh von einer Ladezeit von 8 bis 10 Stunden.

Schnellladung

Heutzutage wird meist schon bei einer Ladeleistung von rund 22 kW von Schnellladung gesprochen, jedoch bezieht sich dieser Begriff eigentlich auf Ladeleistungen von mehreren hundert Volt und Ladeleistungen bis zu einem dreistelligen Kilowatt-Bereich. Die meisten Schnellladestationen verwenden Gleichstrom mit einer Ausgangsspannung von 500 V und einer Ladeleistung von etwa 50 kW. Der Ladestrom beträgt 150 A.[57] Die durchschnittlichen Kosten, welche sich für eine Gleichstrom-Schnellladestation ergeben, betragen 33.441 Euro. Bei der Nutzung von Wechselstrom betragen die Kosten rund 8.492 Euro.[58]

Der Energieversorger RWE und der Rastplatzbetreiber Tank & Rast starteten im November 2011 ein Pilotprojet an den Autobahnen A1 und A2. Auf diesen Autobahnstrecken kann nun an acht Stellen eine Schnellladung für Elektroautos durchgeführt werden. Mittels finanzieller Unterstützungen des Bundesverkehrsministeriums können hier Fahrzeuge mittels Gleich- und Wechselstrom in 30 Minuten mit Ökostrom geladen werden, um somit Reichweiteneinschränkungen zu beseitigen.[59]

Induktives Laden

Ohne Steckverbindung kommt das Laden mit Induktion zurecht. Hierbei wird Energie mittels eines elektromagnetischen Wechselfeldes von einer Primärspule über einen Luftspalt von bis zu 20 cm auf eine Sekundärspule im Fahrzeug übertragen. Heutzutage wird dieses Verfahren bereits bei Induktionsherden, elektrischen Zahnbürsten oder auch bei Wasserkochern eingesetzt. Optimal funktioniert diese Technik, wenn beide Spulen so ausgerichtet sind, dass sie direkt übereinander liegen. Der Übertragungswirkungsgrad hängt somit stark von der Kopplung der Spulen sowie der verwendeten Übertragungsfrequenz ab. Durch die zusätzlich notwendigen Energiewandlungsstufen ist der Übertragungswirkungsgrad im Gegensatz zur Energieübertragung mit Kabel geringer. Man spricht bei konduktiver Ladung von einem Wirkungsgrad von ca. 95 Prozent, hingegen liegt der Wirkungsgrad beim induktiven Laden nur bei bis zu 80 Prozent.[60]

Bei diesem Einsatz sind mehrere Anwendungen möglich. Beispielweise kann sich die Sekundärspule in der Fahrzeugfront oder teilweise absenkbar im Fahrzeugboden befinden. Auf diese Weise könnte man den Ab-

---

57 Vgl. *Anegawa* (2010).

58 Vgl. Wirtschaftsministerium Baden-Württemberg (2010), S. 76ff.

59 Vgl. *Knauer* (2011).

60 Vgl. *Schraven* (2010), S. 6ff.

stand zwischen den Spulen verringern, dies führt jedoch nur bedingt zu einem besseren Wirkungsgrad. Zudem bieten bewegliche Komponenten größere Schmutz- und Verschleißanfälligkeit und somit höhere Wartungskosten.[61]

Neben der stationären Ladung gibt es die Möglichkeit, das Fahrzeug während der Fahrt zu laden. Dazu werden lange Linienleiter so in den Fahrbahnboden integriert, dass darüber fahrende Fahrzeuge geladen werden können. Dieses Konzept ist jedoch nur von Nutzen, wenn annähernd zeitgleich ein Umbau von mehreren Strecken stattfindet, denn nur so wird dem Nutzer ein Mehrwert geboten. Das bedeutet für die Realisierung einen immensen Kostenblock gleich zu Beginn, und zudem ist das Konzept aus Kostengründen nicht auf Bundes- und Landstraßen möglich. Jedoch gibt es Überlegungen, dieses System im innerbetrieblichen Werksverkehr oder bei Elektrobussen einzuführen. Durch das regelmäßige Abfahren der gleichen Strecken könnte eine Anwendung in diesem Fall lohnenswert sein.[62]

Die Anschaffungskosten für ein einfaches, stationäres induktives Übertragungssystem mit einer Leistung von 3,7 kW betragen inklusive Installationskosten zwischen 3.500 Euro und 18.000 Euro. Jedoch müssen zusätzliche Strommehrkosten durch den geringen Wirkungsgrad bedacht werden.[63]

Im Dezember 2011 eröffnete die Bundeskanzlerin das Effizienzhaus Plus. Das Haus produziert Energie, welche dann zur Ladung der Fahrzeuge der Bewohner verwendet wird. Unter den Fahrzeugen befindet sich eine A-Klasse der Daimler AG, welche durch Induktion beladen wird. Das Haus und deren Fahrzeuge werden ab 2012 von einer Familie im Alltag getestet. Damit ist die A-Klasse das erste induktionsbetriebene Fahrzeug, welches in den Alltagstest geht.[64]

---

61 Vgl. *ebenda* S. 5f.

62 Vgl. *ebenda*, S. 8.

63 Vgl. *Schraven* (2010), S. 13ff.

64 Vgl. *Kudling* (2011).

Batteriewechsel

Das Wechseln der Batterie ist bei Elektrofahrzeugen durchaus üblich. Bei E-Bikes, elektrischen Gabelstaplern sowie bei LKWs (Modec Van) wird diese Art von Wiederaufladung verwendet.[65] Diese Technik wurde 2008 in China angewendet, um während der Olympiade die Batterien von Omnibussen vollautomatisch durch volle Batterien zu ersetzen.[66] Auch in Zermatt wird der Batteriewechsel erfolgreich angewandt. Seit 1988 fahren dort Elektro-Niederflurbusse. Diese legen mit voller Batterie bis zu 22 Runden von 4,5 km zurück, was dem Tagespensum entspricht. Der Batteriewechsel dauert im Schnitt 1 Minute.[67]

Der momentan bekannteste Einsatz von Batteriewechselstationen ist der Modellversuch von Better Place. Gegründet wurde das Unternehmen 2007 von Ex-SAP-Manager Shai Agassi. In den Wechselstationen werden die Batterien innerhalb weniger Minuten automatisch gegen geladene getauscht. Projekte gibt es bereits in Israel, Dänemark, Australien, USA und Japan. Das Modell von Better Place setzt voraus, dass sich der Kunde eine Elektrofahrzeug der Firma Nissan oder Renault ohne Batterie kauft, diese ist Eigentum von Better Place, und über eine bestimmte Software bezahlt der Kunden nur die gefahrenen Kilometer. Die Batterie kann nun zuhause oder im öffentlichen Bereich betankt werden. Um jedoch größere Reichweiten überwinden zu können, wurden Batteriewechselstationen errichtet.[68]

Parallel zu Better Place wurde von der deutschen Firma Kitto eine rein mechanische Wechselstation entwickelt. Nach Firmenangaben ist diese Technik um den Faktor 10 günstiger im Vergleich zum Ansatz von Better Place und kann zusätzlich mobil eingesetzt werden.[69]

---

65 Vgl. *Engel* (2009), S. 116.

66 Vgl. *ebenda*, S. 117.

67 Vgl. Einwohnergemeinde Zermatt (2011).

68 Vgl. *Better Place* (2011).

69 Vgl. Verein Medienberatung (2009).

Neben der Schnellladung ist der Batteriewechsel bisher die einzige Möglichkeit, die Reichweiteneinschränkungen eines reinen Elektrofahrzeuges zu überwinden.[70]

Fazit Ladearten

Normalladung

Die Anzahl der parkenden Fahrzeuge liegt im Tagesmittel bei ca. 95 Prozent und während der Nachtzeit noch deutlich höher. Dabei kann man von folgenden Parkzeiten ausgehen:

Ort	Parkdauer in Stunden
Nächtliches Parken im privaten Bereich	10 bis 14
Parken am Arbeitsplatz	7 bis 9
Parken auf Kundenparkplätzen/in Parkhäusern	0 bis 4
öffentliche Stellplätze/Straßenrand	0 bis 14

Tabelle 2: Parkdauer von Fahrzeugen[71]

Trotz der verhältnismäßig langen Ladezeit im Vergleich zur Schnellladung wird durch obige Tabelle sichtbar, dass Fahrzeuge relativ hohe Standzeiten haben. Dies bedeutet, dass eigentlich genügend Zeit vorhanden ist, um ein Elektrofahrzeug normal laden zu können.

Schnellladung

Wie bereits oben beschrieben, wird für dieses Verfahren vorwiegend Gleichstrom verwendet. Vergleicht man nun die Kosten der Ladestationen mit den Kosten der Normalladung, sind diese fast identisch. Somit könnte man annehmen, dass die Schnellladung eindeutig vorzuziehen ist, da somit Ladezeiten eingespart werden können. Jedoch muss bedacht wer-

[70] Vgl. Wirtschaftsministerium Baden-Württemberg (2010), S. 22.

[71] In Anlehnung an *Rehtanz* (2011).

den, dass diese Ladeart die Lebenszeit einer Batterie reduziert. Durch die Nutzung hoher Ladeleistungen entsteht eine starke Wärmeentwicklung. Um das volle Potenzial der Schnellladung zu nutzen, sind anspruchsvolle Kühlsysteme notwendig. Diese Systeme führen zum Anstieg der Kosten, welche gedeckt werden müssen.[72]

Batteriewechsel

Voraussetzung sind Fahrzeuge mit kompatiblen Batterieschnittstellen. Eine Durchsetzung dieses Konzeptes scheint nur machbar zu sein, wenn alle Fahrzeughersteller sich auf eine Batterieform einigen. Dies scheint allein wegen der verschiedenen Fahrzeuggrößen fast unmöglich zu sein. Würde jeder Fahrzeughersteller auf seine individuelle Batterie beharren, müsste jede Wechselstation einen relativ großen Vorrat an unterschiedlichen und derzeit noch sehr teuren Batterien halten, was entsprechend mit hohen Kosten verbunden wäre. Diese Technologie könnte beispielsweise bei Taxis Anwendung finden, da lange Standzeiten in diesem Bereich mit hohen Umsatzeinbußen verbunden sind.

Induktives Laden

Die Vorteile des induktiven Ladens liegen bei der erhöhten Sicherheit durch voll isolierte Bauteile sowie dem Schutz vor Witterung und Vandalismus. Weiterhin ist diese Art von Beladung nutzerfreundlich, da kein Kabel und kein Nutzereingriff mehr notwendig sind. Gegenargumente sind jedoch, dass eine Gesundheitsgefahr durch die elektromagnetische Strahlung besteht, zusätzlich können sich metallische Gegenstände im Strahlengang extrem erhitzen. Dieses Problem kann jedoch mittels einer hinreichend großen Induktionsspule beseitigt werden, da sich die Feldstärke im Strahlenkanal verringert und nur noch zu einer leichten Erwärmung führt, dementsprechend verringern sich die Streustrahlungen in der Umwelt.

---

[72] Vgl. Wirtschaftsministerium Baden-Württemberg (2010), S.22.

Laut Hersteller ist selbst bei einer Strahlenfrequenz im zwei- bis dreistelligen Kilohertzbereich die Strahlung nicht einmal direkt im Strahlenkanal schädlich. Problematisch ist die genaue Ausrichtung der beiden Spulen zueinander.

Diese Technologie ist nur für bestimmte Anwendungsbereiche nutzbar und muss eher als Nischentechnologie gesehen werden. In bestimmten gewerblichen Bereichen, wie beispielweise bei Taxis, scheint diese Technologie nutzbar zu sein, da lange Standzeiten hier nicht tragbar sind.[73]

Smart Traffic

Die Arbeitsgruppe 3 der Nationalen Plattform für Elektromobilität, welche sich für Infrastrukturaspekte der Elektromobilität zuständig sieht, thematisiert im zweiten Bericht zwei Bereiche: Ladeinfrastruktur und Netzintegration. Es handelt sich dabei um rein energieorientierte Themen, verkehrsinfrastrukturelle Aspekte wurden jedoch von der Arbeitsgruppe 3 bisher nicht betrachtet. Gerade in diesem Feld besteht aber Handlungsbedarf, wie es die politischen Vorgaben der EU des Weißbuches „Verkehr" (KOM 144 endg.) vom 28.03.2011 aufzeigen. So ist das gemeinsame europäische Ziel, bis zum Jahre 2030 eine Halbierung, bis 2050 eine völlige Abschaffung der „konventionell betriebenen" Pkws im Stadtverkehr zu erreichen. Dabei wird die Elektrifizierung des Antriebs als Instrument zur Zielerreichung in den EU-Handlungsrichtlinien nicht erwähnt. Stattdessen werden folgende „Instrumente" genannt:[74]

- Die Gewährleistung einer nahtlosen Mobilität von Tür zu Tür (Rn. 41)
- Die Förderung der Intermodalität, also die Verknüpfung mehrerer Verkehrsträger (Rn. 41)
- Die notwendige Förderung des öffentlichen Verkehrs (Rn. 41)
- Die Entwicklung einer Stadtmobilitätsplanung (Rn. 49)

Inhaltlich können diese Punkte zum großen Teil dem verkehrsstrukturellen Themenblock zugeordnet werden. Im Folgenden soll daher der Mobili-

---

[73] Vgl. *Schraven* (2010), S. 16.

[74] Vgl. European Commission – Directorate General for Mobility and Transport (2011).

tätsgedanke der Nationalen Plattform für Elektromobilität um genau diese erweiterte Perspektive betrachtet werden.

Die Notwendigkeit umfassenderer Verkehrskonzepte

Die *Fachtagung des Kongresses Lebenswelt Elektromobilität* hat folgende Kernfragen herausgearbeitet, die es im Rahmen der Elektrifizierung des Individualverkehrs zu beantworten gilt:[75]

- Wie können Elektrofahrzeuge im Verkehrsnetz der Zukunft sowohl Teil des Individual- als auch des öffentlichen Verkehrs sein?
- Können sie Katalysatoren für intermodale Systeme sein, für die ÖPNV-Integration, für Carsharing- und Verleihsysteme?
- Wer ist der Kunde, der eine solche Dienstleistung erwirbt?
- Wie verbinden wir die Visionen von Stadtentwicklung und Elektromobilität miteinander zum Nutzen der Bürgerschaft und im Sinne des Klimaschutzes?

Prinzipiell gehen mit dem Konzept der NPE, Elektrofahrzeuge massenmarkt-kompatibel zu gestalten, einige, bisher ungenannte negative Effekte für die Verkehrsinfrastruktur einher. Der *Deutsche Städtetag*, der größte kommunale Spitzenverband Deutschlands und Vertreter der Interessen aller kreisfreien und der meisten kreisangehörigen Städte, nennt die folgenden drei größten Herausforderungen:[76]

- E-Fahrzeuge brauchen weiterhin viel Bewegungs- und Abstellfläche.
- E-Fahrzeuge benötigen eine besondere zusätzliche Ladeinfrastruktur.
- E-Fahrzeuge – als Substitut konventionell betriebener Fahrzeuge – vermehren die Fahrzeugflotte, da potenzielle Nutzer stark zu einem elektrifizierten Zweitwagen tendieren.

Somit ist der Elektrofahrzeugverkehr, neben der bereits berücksichtigten Energiekonzeption, als Teil der kommunalen Siedlungs-, Stadt- und Verkehrsplanung zu betrachten. Die Forderung des *Deutschen Städtetages*

---

75 Vgl. Bundesministerium für Wirtschaft und Technologie (2011).

76 Vgl. *Deutscher Städtetag* (2011), S. 4f.

nach einem abgestimmten Vorgehen statt isolierter Einzelkonzepte zur Einführung der Elektromobilität ist berechtigt. Dies trifft insbesondere im Kontext der lokal abgewickelten Schaufensterprojekte sowie der bisher noch unabgestimmten Anreizmodelle zu, wie beispielsweise der Mitbenutzung von Busspuren durch Elektrofahrzeuge.

Nach dem aktuellen Planungsstand der NPE werden die deutschen Großstädte als der wichtigste zukünftige Absatzraum für Elektrofahrzeuge betrachtet, weswegen die Schaufensterprojekte auch bevorzugt in entsprechende Ballungszentren vergeben werden. Kritisch zu hinterfragen ist dabei, ob der Bedarf an elektrifiziertem mobilem Individualverkehr in urbanen Regionen nicht überschätzt wird.

Nach Aussage des *Deutschen Instituts für Urbanistik* geht mit einer höheren Urbanität, also bei höherer Siedlungsdichte und kürzerer Distanz zum Stadtzentrum, der Bedarf an mobilen Individualverkehrsträgern zurück. Die Bedeutung des öffentlichen Personenverkehrs nimmt dagegen zu.[77] Diesen Zusammenhang verdeutlicht Abbildung 6:

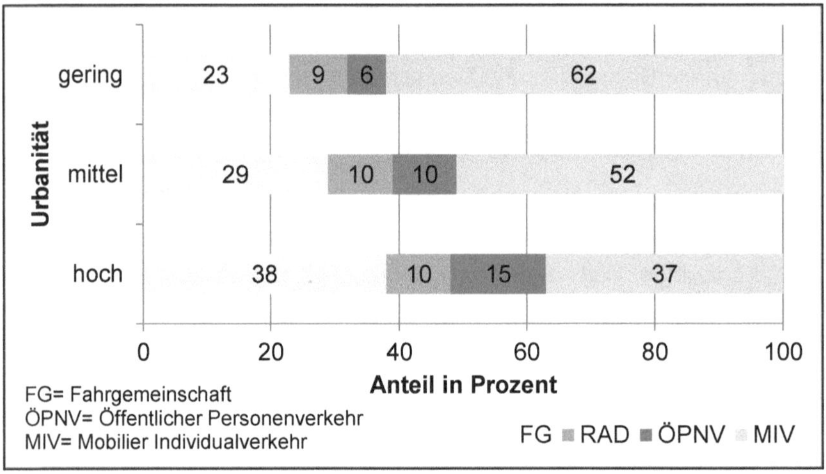

Abbildung 6: Zusammenhang zwischen Verkehrsmittelwahl und Urbanität[78]

[77] Vgl. *Beckmann* (2011), S.15.

[78] In Anlehnung an *Beckmann* (2011), S. 22.

Die Erkenntnis aus dem Zusammenhang zwischen Urbanität und MIV-Anteil spricht eher für einen forcierten Einsatz von Elektrofahrzeugen in Regionen, welche sich zwischen ländlichen und urbanen Arealen befinden, wie beispielsweise die von Berufspendlern als Wohnsitz favorisierten Trabantenstädte. Für stark urbanisierte Regionen ist jedoch ein umfassenderes Mobilitätskonzept notwendig, welches dem Kunden eine Vielzahl an Verkehrsoptionen zur Verfügung stellt.

Intermodalität

Im Kontext des Personenverkehrs beschreibt der Term Intermodalität das Prinzip einer mehrgliedrigen Transportkette, bei der ein und dieselbe zu transportierende Person mit mindestens zwei verschiedenen Verkehrsträgern befördert wird. Dabei findet ein Wandel des Verkehrsteilnehmers vom Mobilitätsbesitzer zum Mobilitätsnutzer statt.[79] In Abbildung 7 ist eine intermodale Transportkette exemplarisch gegeben. Der Verkehrsteilnehmer kann in diesem Falle mit einem gemieteten Elektroauto einen Bahnhof, welcher die erste Schnittstelle darstellt, anfahren und anschließend den Verkehrsträger wechseln. Er setzt danach die Reise mit dem Zug bis zur S-Bahn Station fort und hat nun die Option verschiedener individueller sowie öffentlicher Verkehrsträger, um zum Zielort zu gelangen.

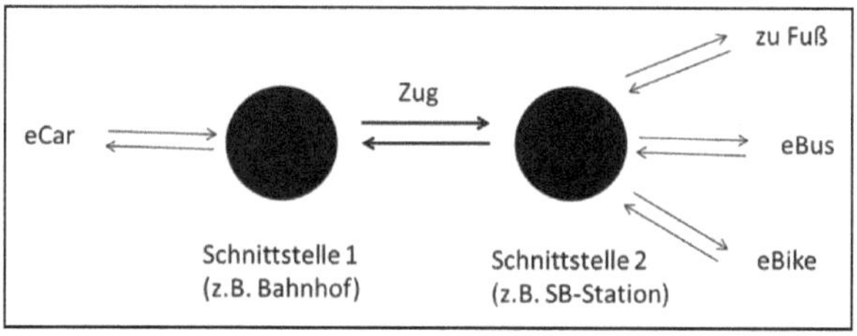

Abbildung 7: Intermodale Beförderungskette (exemplarisch)

[79] Vgl. *Schlager* (2011), S. 14.

Prinzipiell besteht in dem gegebenen Beispiel die Möglichkeit, dass der Verkehrsteilnehmer keinen der genutzten Verkehrsträger besitzt, sondern stattdessen für jede Fahrt Nutzrechte erwirbt. Dies kann durch verschiedene Finanzierungs- bzw. Kostenmodelle umgesetzt werden, wie z. B. dem klassischen Ticketkauf, der Benutzung gegen eine Leihgebühr, dem Kurzzeitleasing etc. Die zentrale Herausforderung dabei ist es, die Schnittstellen zwischen den verschiedenen Verkehrsträgern abzustimmen und somit die gesamte Transportkette einerseits so flexibel wie möglich zu gestalten, andererseits die Komplexität bei gleich bleibender Verfügbarkeit zu reduzieren. Diese Herausforderung kann nur mit einer umfassenden und benutzerfreundlichen IT-Infrastruktur angegangen werden. Denkbar wären hier Smartphone-Applikationen, welche dem Verkehrsteilnehmer eine mobile und kurzfristige Planung der Beförderungskette ermöglichen könnten.

Die Deutsche Bahn AG hat dabei eine besondere Chance als zukünftiges Leitunternehmen in Sachen Intermodalität, die Rahmenbedingungen zu setzen. Zum einen ist durch Pilotversuche mit Elektrofahrzeugen, Fahrrädern und Pedelecs bereits ein gewisses Know-how im Unternehmen zu Intermodalität vorhanden. Des Weiteren ist die Deutsche Bahn AG das derzeit einzige Unternehmen mit einem ausgebauten und flächendeckenden öffentlichen Fernverkehrsnetz, welches Reiserouten für weitere Distanzen ermöglicht. Die vorhandenen Bahnhöfe werden bereits als zentrale Knotenpunkte bzw. Schnittstellen der Beförderungskette genutzt, um die sich weitere Anbieter von intermodalen Verkehrskonzepten agglomerieren könnten. Die Grundvoraussetzungen sind dabei als durchaus positiv einzuschätzen, da Kunden der Deutschen Bahn AG, einer Umfrage nach zu urteilen, tendenziell umweltbewusster und offener für nachhaltige Mobilitätslösungen sind.[80]

Die Bedeutung des öffentlichen Personennahverkehrs

Die Notwendigkeit von umfassenderen e-Mobility-Konzepten und, gerade im urbanen Bereich, von intermodaleren Verkehrskonzepten wurde be-

---

80 Vgl. *Körfgen* (2011).

reits erläutert. Im Folgenden soll speziell die Bedeutung des elektrifizierten öffentlichen Personenverkehrsangebotes näher betrachtet werden.

Zunächst sind einige Nachteile des traditionellen öffentlichen Personennahverkehrs gegeben, welche unabhängig von dem gegebenen Elektrifizierungsgrad sind:[81]

- Fehlende zeitliche Flexibilität: Fahrplanbindung
- Fehlende örtliche Flexibilität: Linienbindung
- Schwierigkeiten beim Transport schwerer oder sperriger Lasten
- Tendenziell hohe Komplexität der Reiseplanung
- Prinzipielle Fremdbestimmung des Mobilitätsverhaltens
- Fehlende Individualität

Dabei sind die beiden letzten Nachteile des ÖPNV besonders hervorzuheben. Nach einer Studie des *Wissenschaftszentrums für Sozialforschung Berlin* ist anzunehmen, dass die individuelle Beweglichkeit nach der eigenen Entscheidung ein Grundbedürfnis der modernen Gesellschaft ist.[82]

Als Vorteile des elektrifizierten öffentlichen Personennahverkehrs gegenüber dem mobilen Individualverkehr sind die folgenden Punkte zu nennen:[83]

- Keine Reichweitenprobleme
- Handhabung der Akkumulatoren durch geschultes Personal
- Einfache Integration in das Smart Grid, z. B. Lastmanagement durch Aufnahme von Überschuss-Strom zu beliebigen Zeiten möglich
- Geringerer Flächenbedarf
- Know-how-Vorsprung der Elektrifizierung
- Hohe Ausnutzung der getätigten Investitionen durch eine lange tägliche Betriebsdauer
- Geringerer Energieverbrauch (je Person)

---

81 Vgl. *Jung* (2011), S. 5ff.

82 Vgl. Wissenschaftszentrum für Sozialforschung (2011).

83 Vgl. Arbeitsgruppe ST1-MVV Energie (2011), S. 5ff.

Fazit Smart Traffic

Das Ziel der Europäischen Kommission, bis 2050 eine völlige Abschaffung der „konventionell betriebenen" Pkws im Stadtverkehr zu erreichen, gilt als gesetzt. Bisher wurde der Elektrifizierung des Individualverkehrs im Rahmen der Planung und Berichterstattung der NPE am meisten Bedeutung beigemessen, die zukünftige Rolle der öffentlichen Verkehrsmittel wurde hingegen völlig außer Acht gelassen. Erste Bewegungen von Vertretern der städtischen Infrastrukturplanung, wie dem *Deutschen Städtebund*, zeigen, dass die Thematik Smart Traffic nicht nur im Dialog zwischen Industrie und Staat gelöst werden kann. Elektrofahrzeuge stellen dabei nur einen Aspekt eines intelligenten und vernetzten Verkehrssystems dar. Gerade für stark urbanisierte Regionen ist demnach ein umfassenderes Mobilitätskonzept notwendig, welches dem Kunden eine Vielzahl an Verkehrsoptionen zur Verfügung stellt. Dabei findet ein Wandel des städtischen Verkehrsteilnehmers vom Mobilitätsbesitzer zum Mobilitätsnutzer statt. Insbesondere der öffentliche Personennahverkehr wird bei der Fahrzeugelektrifizierung eine zunehmend bedeutendere Rolle spielen. Die in diesem Beitrag nicht betrachtete Informations- und Kommunikationstechnologie hingegen wird bei der Integration von individualen Elektrofahrzeugen in die Energie- und Verkehrsnetze eine bedeutende Position einnehmen. Bisher stand die datentechnische Vernetzung der Ladeinfrastruktur im Vordergrund, zukünftig soll die Informations- und Kommunikationstechnologie jedem Verkehrsteilnehmer die benötigten Informationen für eine Teilnahme am intermodalen Verkehr bereitstellen. Dies bedeutet eine deutlich effizientere und dementsprechend sparsamere Fortbewegung für den Verbraucher. Kritisch zu hinterfragen ist jedoch das Datenaufkommen bzw. die Notwendigkeit, Daten über jeden Verkehrsteilnehmer zu ermitteln und allgemein für den Verkehr bereitzustellen. Technologisch sind hier jedoch noch viele Hürden zu bewältigen und eine Abschätzung zu heutiger Zeit ist noch nicht möglich.

Geschäftsmodelle

Der zweite Bericht der Nationalen Plattform Elektromobilität definiert das kontrovers diskutierte Ziel, Deutschland bis zum Jahre 2020 zum Leitmarkt für e-Mobility umzugestalten. Dabei soll das Primärziel durch eine dreiphasige Prozessabfolge erreicht werden (siehe Abbildung 8)[84]

- Marktvorbereitung bis 2014 mit Schwerpunkt auf Forschung und Entwicklung sowie Schaufensterprojekten.
- Markthochlauf bis 2017 mit einem Fokus auf dem Marktaufbau bei Fahrzeugen und Infrastruktur.
- Beginnender Massenmarkt bis 2020 mit tragfähigen Geschäftsmodellen.

Abbildung 8: Dreiphasenplanung der NPE für e-Mobilität[85]

Bis zum Jahre 2020 sollen dem Bericht nach Geschäftsmodelle konzipiert werden, welche durch die bis dahin vorhandene Masse an Elektrofahrzeugen gestützt werden. Das heißt, dass sich die NPE darauf beschränkt, Rahmenbedingungen zu schaffen, wie beispielsweise Schlüsseltechnologien zur Verfügung zu stellen und die notwendige Infrastruktur aufzubauen. Es besteht also der Anspruch, dass sich die Geschäftsmodelle nach dem Grundprinzip der freien Marktwirtschaft eigenständig entwickeln und sich mit Ende der dritten Phase auch selbstständig finanziell tragen.[86]

---

[84] Vgl. Nationale Plattform Elektromobilität (2011b), S. 4ff.

[85] In Anlehnung an Nationale Plattform Elektromobilität (2011b), S. 5.

[86] Vgl. Nationale Plattform Elektromobilität (2011a), S. 4ff.

Technology Push vs. Market Demand

Aus der Sicht des Innovationsmanagements bestehen prinzipiell nur zwei Kräfte, welche Technologieneuerungen vorantreiben. Auf der einen Seite steht das Technology-Push-, auf der anderen Seite das Market-Demand Pull-Prinzip. Ersteres beinhaltet den Ansatz, dass unabhängig von identifizierten Kundenbedürfnissen Technologien am Markt eingeführt werden. Häufig ergeben sich für den First Mover daraus radikale Technologiesprünge mit hohem Gewinnpotenzial, was aber zeitgleich mit erheblichen Risiken einhergeht.[87] Das Market-Demand-Pull-Prinzip hingegen stellt die Kundenorientierung in den Vordergrund, wodurch das Unternehmensangebot den Nachfragewünschen des Marktes angepasst wird. In der Regel sind sich die Kunden ihrer Technologiebedürfnisse nur geringfügig bewusst, was meist nur in Produktverbesserungen oder stetigen Technologieänderungen resultiert.[88]

Die deutsche Regierung sowie die Autoindustrie und Energieunternehmen, Organisationen, welche der NPE angehören, haben sich im Rahmen der Vorhaben bis 2020 bereits für eine Technology-Push-Strategie positioniert. Andere Unternehmen, welche das Marktpotenzial der e-Mobility zukünftig nutzen wollen, müssen sich hingegen vorab zwischen den beiden Ansätzen entscheiden. Sie können zu einer Vorreiterrolle tendieren und eigenständig Produkte bzw. Dienstleistungen generieren, oder aber abwarten, bis sich am Markt konkretere Kundenbedürfnisse herauskristallisiert haben.

Dabei wird sich erfahrungsgemäß jedoch nicht zwangsweise die leistungsfähigste technische Lösung durchsetzen, sondern vielmehr das am besten abgestimmte Geschäftsmodell. Somit gilt es für die Unternehmen, unabhängig von der selektierten Marktstrategie, die e-Mobility-Nutzer zu beobachten und gegebenenfalls die eigenen Konzepte anzupassen.[89]

---

87 Vgl. Gabler Wirtschaftslexikon (2011).

88 Vgl. Fachhochschule Aachen (2011).

89 Vgl. *Jonuschat* (2011) S. 5.

Zukünftige Wertschöpfung in der Automobilbranche

Für die Entwicklung fundierter Geschäftsmodelle ist ein Verständnis der Wertschöpfungskette der Automobilbranche zwar nicht zwingend notwendig, jedoch erleichtert es die Identifizierung von zukünftigen Märkten als auch Marktnischen. Grundlegend muss dabei unterschieden werden zwischen der heutigen Wertschöpfungskette, wie sie vor allem durch Pkws mit Verbrennungsmotoren gegeben ist, und der zukünftigen Wertschöpfungskette, die mit der Elektrifizierung des Antriebsstranges einhergeht. Im Folgenden soll nicht detailliert auf die Wertschöpfungsverteilung in der bestehenden Automobilbranche eingegangen, sondern die entstehenden Geschäftsfelder und deren Einordnung betrachtet werden. Im Vergleich der heutigen mit der zukünftigen Wertschöpfungskette wird ersichtlich, dass fünf neue Bereiche zur bestehenden Wertschöpfungskette hinzukommen:

- Die Erstellung von Software zur Erweiterung der Fahrzeug-Funktionalität (z. B. Smartphone-Applikationen)
- Die Energiebereitstellung und -abrechnung (z. B. Energieversorger)
- Die Erweiterung der Fahrzeugfunktionalität durch zusätzliche Komponenten (z. B. mobile Navigationssysteme)
- Die Bereitstellung von Mobilität durch zusätzliche andere Verkehrsmittel (z. B. das intermodale Konzept der Deutschen Bahn)
- Die Bereitstellung von fahrzeugbezogenen Mobilitätsdienstleistungen (z. B. das Car2Go-Konzept)

Dabei wird ersichtlich, dass die neuen Geschäftsfelder außerhalb des Wertschöpfungsbereichs der OEMs liegen und somit den Trend der abnehmenden Wertschöpfungstiefe auf Seiten der Automobilhersteller weiter verstärken.

Mobilität und Verkehr im Wandel

Aufgrund des mittel- bis langfristigen Planungshorizontes der NPE von 10 bis 20 Jahren gilt es, die wichtigsten Trends zu identifizieren, welche den zukünftigen Markt der Elektromobilität beeinflussen. Darunter fallen vor allem Faktoren, die die Mobilität und den Verkehr als solche langfristig und substanziell verändern.

Zum einen erfolgt eine zunehmende Veränderung der Gesellschaftsstruktur und somit ein Wandel der Zielgruppe zukünftiger Elektrofahrzeugbesitzer. Während in Deutschland insgesamt ein Bevölkerungsrückgang zu verzeichnen ist, steigt das Durchschnittsalter der Führerschein- und Autobesitzer aufgrund der geringen Geburtenquote. Dieser Effekt wird durch ein altersabhängiges Ab- und Zuwandern in bestimmten Regionen lokal verstärkt. So verzeichnete beispielsweise die Bevölkerung von Sachsen-Anhalt im Zeitraum 2002 bis 2010 einen Rückgang um 8 Prozent, wobei insbesondere Männer und Frauen im Alter unter 20 Jahren (ca. 35 Prozent) in wirtschaftlich attraktivere Regionen abwanderten. Zugleich nimmt das Verlangen nach einem eigenen Pkw auf Seiten der jüngeren Bevölkerung stark ab, was auf ein sich wandelndes Bewusstsein gegenüber den bisher etablierten Statussymbolen zurückzuführen ist. So wird beispielsweise die Motorisierungsquote junger deutscher Männer bis 2015 um 35 Prozent zurückgegangen sein, die Führerscheinquote bei den unter 26-jährigen ist bereits zwischen 2000 und 2008 um 15 Prozent zurückgegangen.[90]

Als letzter Punkt sei das sich ändernde Mobilitätsverhalten zu nennen, was sich in einem erhöhten Freizeit- und Berufspendlerverkehrsaufkommen über weitere Distanzen bei zugleich geringerer Bindung an den Pkw äußert.[91]

Als Fazit für die Trends, welche den deutschen Elektromobilitätsmarkt 2020 betreffen, können zwei eindeutige Tendenzen genannt werden: Zum einen schrumpft der Markt stetig, was vor allem auf den Gesellschaftsstrukturwandel sowie das sich wandelnde Statusdenken der heutigen Ge-

---

90 Vgl. *Knie* (2011), S. 3.

91 Vgl. *Malter* (2011), S. 7.

sellschaft zurückzuführen ist. Zum anderen steigen die Anforderungen an die Mobilitätsprodukte und -dienstleistungen. Ursache dafür sind externe Einflussfaktoren wie z. B. die Verteuerung der Energiepreise, aber natürlich auch die wachsenden Ansprüche an die Mobilitätsverfügbarkeit und Reichweite.

Nutzergruppen

Als wichtiger Bestandteil eines soliden Geschäftsmodells ist die eindeutige Identifizierung der Kundengruppen zu nennen. Nur wenn die Gesamtheit aller potenziellen Nutzer nach definierten Kriterien segmentiert wurde, ist eine Marktpositionierung und gezielte Marktkommunikation möglich. Gerade im Kontext der vielfältigen bestehenden Automobilmarktsegmente wird klar, dass der Anspruch an die Mobilität zwischen Pkw-Nutzern stark variiert. Dementsprechend können nach Aussage des *Instituts für Zukunftsstudien und Technologieentwicklung* die folgenden Hauptnutzergruppen identifiziert werden, welche wiederum Verkehrsarten sowie verschiedenen potenziellen Anbietern zugeordnet werden können:

Verkehrsart	Nutzer	Anbieter
Flotten-Verkehr	Angestellte, Carsharing-Mitglieder, Reisende etc.	Flottenbetreiber (Carsharing, Lieferdienste, Unternehmensflotten, Autoverleiher etc.)
Individual-Verkehr	Private Pkw-Besitzer	Autohersteller, Autohaus
Intermodaler Verkehr	Intermodale Verkehrsteilnehmer	Unternehmen (z. B. Car2Go), ÖPNV (z. B. Deutsche Bahn AG)

Tabelle 3: Aufteilung der Nutzergruppen nach Verkehrsarten[92]

Einen vergleichbaren Ansatz der Aufteilung nach Zielgruppen ist durch das Vertriebskonzept der Lautlos GmbH gegeben. Dabei wurden folgende Zielgruppen erfasst:[93]

---

92 Eigene Darstellung in Anlehnung an *Jonuschat* (2011), S. 5.

93 Vgl. *Strube* (2011), S. 7.

- **Gewerbekunden**, welche den Vorführeffekt der Elektrofahrzeuge zur Imagebildung für das eigene Unternehmen nutzen wollen und meist in der Umwelttechnologie oder Bio-/Ökobranche ansässig sind.
- **Zweitwagenbesitzer**, um den gegebenen Nachteil der geringeren Reichweite von Elektrofahrzeugen auszugleichen. In Deutschland besitzen derzeit 22 Prozent aller Haushalte mindestens einen Zweitwagen, dabei sind über 10 Mio. Pkw Zweit- oder sogar Drittwagen.
- **Innerstädtische Mobilitätsnutzer**, die dem Autor zufolge über 2 Mio. Roller/Mopeds in deutschen Städten nur durchschnittlich 2.300 km pro Jahr bewegen, sowie die Kategorie „Kleinwagenfahrer", die eine Jahresfahrleistung von deutlich unter 10.000 km haben.
- **Nutzfahrzeugbesitzer**, welche in Deutschland mit ca. 2 Mio. leichten Nutzfahrzeugen, wie z. B. Servicefahrzeuge der Energieversorgungsunternehmen oder Kommunalfahrzeuge, operieren. In den Ballungszentren wird ein Großteil dieser Fahrzeuge mit einer Jahresfahrleistung deutlich unter 10.000 km genutzt.

Kundenanforderungen

Die Kundenanforderungen sind entsprechend der Verkehrsartteilnehmer individuell zu betrachten. Aufgrund der bisherigen Rechercheergebnisse kann davon ausgegangen werden, dass die Kundenanforderungen für den Individualverkehr bisher am detailliertesten erfasst wurden. Kundenstimmen aus dem Flottenverkehr wurden im Rahmen einiger weniger Befragungen ebenfalls erfasst, während die Anforderungen potenzieller Intermodalverkehrsteilnehmer kaum berücksichtigt wurden.

Für Individualverkehrsteilnehmer gelten folgende grundlegende Anforderungen an elektrische Fahrzeuge:[94]

- Die Total Cost of Ownership, also alle kumulierten einmaligen und laufenden Kosten, dürfen insgesamt nicht teurer sein als bei einem Benziner bzw. Diesel.

---

94 Vgl. *Jonuschat* (2011), S. 7.

- Das grüne Image der e-Mobility wird vor allem durch das Tanken bzw. den Ladevorgang vermittelt, da an dieser Stelle der Unterschied zu einem Verbrennungsmotor-Pkw erlebbar gemacht wird. Der Aspekt der Umweltverträglichkeit eines Elektrofahrzeugs wird also durch die Gestaltung des Ladevorgangs eingebracht.
- Die Technik im Auto sowie in der direkten Benutzerperipherie sollte so einfach und intuitiv wie möglich gestaltet werden.

Dabei sind als wichtigste Einflussfaktoren auf den Kaufentscheidungsprozess derzeitiger Individualverkehrsteilnehmer in einer Studie des *Zentrums für europäische Wirtschaftsforschung* folgende treibende (weiß) bzw. hemmende (schwarz) Faktoren identifiziert worden:[95]

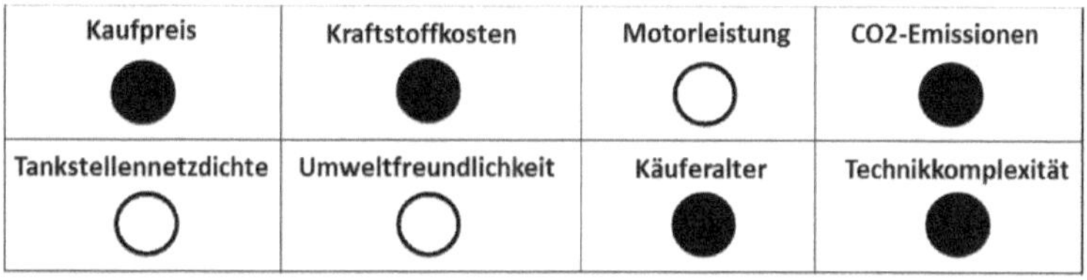

Abbildung 9: Einflussfaktoren auf den Kaufentscheidungsprozess[96]

Die Ergebnisse zeigen, dass die Tankstellennetzdichte eine wichtige Rolle bei der Kaufentscheidung spielt und geringe CO_2-Emissionen schon jetzt ein entscheidendes Kriterium beim Pkw-Kauf sind. Dabei ist ein unterschiedliches Kaufverhalten verschiedener Bevölkerungsgruppen zu beobachten, wobei vor allem das Alter eine entscheidende Rolle spielt. Konventionelle Antriebe werden bisher von den Konsumenten stark favorisiert, während Elektrofahrzeuge noch relativ unbeliebt sind.[97]

In Befragungen wurde ebenfalls ersichtlich, dass derzeitige Verkehrsteilnehmer eine ambivalente Einstellung bezüglich der Elektrofahrzeuge haben. Einerseits ist eine wohlwollende Bewertung der Idee von e-Mobility

95 Vgl. *Hermeling* (2011), S. 5ff.

96 Eigene Darstellung in Anlehnung an *Hermeling* (2011), S. 5.

97 Vgl. *ebenda (*2011), S. 8.

vorhanden, andererseits herrscht ein zu futuristisches Bild von der Elektromobilität. Aus Sicht der potenziellen Käufer sind Elektroautos dabei keine „Sehnsuchtsmobile“, sondern durch externe Rahmenbedingungen, wie z. B. den Klimawandel, forciert. Daher sind Einsichten in die Notwendigkeit von Verhaltensänderungen bereits vorhanden, prinzipiell will der Individualverkehrsteilnehmer jedoch noch nichts an seinem Mobilitätsverhalten ändern. Deshalb ist ein Lernprozess auf Seiten der potenziellen Nutzer notwendig. Ein Feldversuch des *Instituts für Transportation Design* hat gezeigt, dass durchaus Potenzial für Einstellungs- und Verhaltensänderungen vorhanden ist. Abbildung 11 stellt ein Ergebnis der Vorher-Nachher-Befragung exemplarisch dar. Ermittelt wurde die Einstellung von Individualverkehrsteilnehmern gegenüber der Reichweitenbeschränkung aktueller Elektrofahrzeuge vor und nach der Benutzung. Erkennbar ist die deutlich positivere Einstellung der Versuchsteilnehmer nach dem direkten Kontakt mit der Technologie.[98]

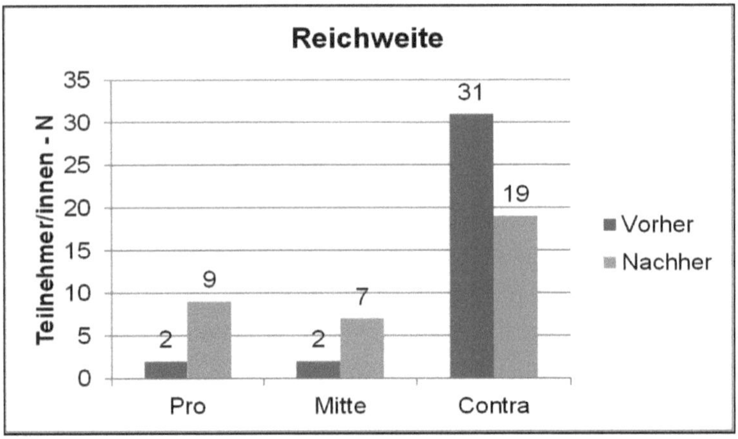

Abbildung 10: Änderung der Kundenakzeptanz[99]

Das lässt die Schlussfolgerung zu, dass Unternehmen zukünftig ihre Produkte und Dienstleistungen erlebbarer machen müssen, um eine erfolg-

98 Vgl. *Schlager* (2011), S. 11.

99 In Anlehnung an *Schlager* (2011), S. 11.

reiche Marktdiffusion zu erreichen. Die Technologie muss den potenziellen Käufern also weit vor der eigentlichen Markteinführung zum Ausprobieren zur Verfügung gestellt werden. Daher ist eine Marketingmixgestaltung, welche sich auf die Medien Internet, Zeitschriften und Fernsehen beschränkt, sehr wahrscheinlich nicht ausreichend. Die Werbebotschaften selbst sollten zwischen den beiden Polen „begeisterungsfördernd“ und „realistisch“ balanciert werden und dürfen die Erwartungen an die Zukunftstechnologien nicht zu hoch positionieren.

Fazit Geschäftsmodelle

Die zwei Megatrends im Automobilgeschäft, der wachsende Bedarf nach sichereren und finanzierbaren Fahrzeugen sowie die Reduzierung der Kohlenstoffdioxidemissionen stellen ein enormes Handlungsfeld für die Automobilbranche dar. Die Elektromobilität kann dazu die passende Antwort bieten. Dabei spielen staatliche Unterstützungsmaßnahmen eine erhebliche Rolle, um den Roll-out erfolgreich und für den Kunden finanzierbar zu gestalten. Auf der anderen Seite muss sich das Modell Elektromobilität nach einer gewissen Zeit finanziell selber tragen können. Dafür sind verstärkte Economies of Scale, Steigerungen der Fertigungseffizienz und geringere Beschaffungskosten für die gesamte Zuliefererkette notwendig. Eine Verlagerung der bestehenden Wertschöpfungskette hin zu Gunsten der Automobilzulieferer und zukünftiger Marktteilnehmer aus dem Felde der Elektromobilität ist dabei sehr wahrscheinlich. Unabhängig davon ist die Technologie inklusive ihrer Einschränkungen, verglichen mit dem Verbrennungsmotorkonzept, bereits heute für den Großteil der Endverbraucher aus technischer Sicht ausreichend entwickelt. Bestehende Kaufwiderstände auf Seiten der Kunden können durch Lerneffekte und intensive Verbrauchertestphasen weiter reduziert werden.

Fazit und Ausblick

Durch Elektromobilität entstehen viele Chancen, die genutzt werden müssen. Die Elektromobilität ermöglicht beispielsweise die Reduktion des CO_2-Ausstoßes im Verkehr und minimiert die Energieimportabhängigkeit. Als Voraussetzung für einen nachhaltigen Erfolg der Elektromobilität ist eine kontinuierliche Weiterentwicklung von kostengünstigen Lösungen in den Bereichen Netzinfrastruktur, Ladearchitektur, Abrechnungssysteme sowie Smart Traffic notwendig.

Die Weiterentwicklung von Smart Grids sowie neuartiger Speichertechnologien ist notwendig, da die momentanen Investitionskosten noch zu hoch und die Nachfrage gleichzeitig zu gering ist. Gemeinsam mit der zukünftigen Entwicklung der Elektromobilität werden jedoch in diesem Bereich Synergieeffekte erwartet, denn die Elektrifizierung von Fahrzeugen könnten die ersten wichtigen Einsatzgebiete für intelligente Netze darstellen. Durch den Einsatz dieser Technologien werden zusätzlich Probleme, die mit dem Ausbau der Erneuerbaren Energien zusammenhängen, minimiert werden.

Hinsichtlich der Ladearchitektur kristallisierte sich heraus, dass der größte Teil der Bevölkerung in Deutschland zwar über eigene Stellplätze für ihre Fahrzeuge verfügt, diese aber noch nicht zur Beladung eines Elektrofahrzeugs geeignet sind. Ein Ausbau ist hier weiter nötig, da die Beladung am Wohnort momentan die beste Lösung darstellt, um ein Fahrzeug mittels Normalladung zu betanken. Die Umstellung von Flotten auf Elektrofahrzeuge stellt in Zukunft einen wichtigen Bestandteil zur Ausweitung von Elektromobilität dar. Im Hinblick auf die Schnellladung wird das Potenzial der Weiterentwicklung von Batterien sichtbar, da sich diese Ladeart noch immens auf die Lebenszeit der Batterie auswirkt. Als schnelle Ladung für zwischendurch ist diese Möglichkeit jedoch nutzbar. Das induktive Laden sowie der Batteriewechsel werden momentan eher als Nischentechnologien gesehen, da in diesem Bereich die Nachteile zum heutigen Zeitpunkt noch dominieren. Mit den Themen Sicherheit sowie Normung und Standardisierung muss sich in Zukunft noch sehr stark befasst werden, um im Bereich Ladearchitektur Erfolge zu erzielen.

Im Bereich Datenkommunikation sieht man in Zukunft die Ausarbeitung eines Systems ohne große Transaktions- und Servicegebühren als erfolgsversprechend. Dies setzt jedoch intelligente Systeme im Fahrzeug, im Stromnetz und in der Ladesäule voraus.

Im Bereich Smart Traffic wird in Zukunft auf ein intelligentes und vernetztes Verkehrssystem gesetzt. Demzufolge findet ein Wandel des städtischen Verkehrsteilnehmers vom Mobilitätsbesitzer zum Mobilitätsnutzer statt. Insbesondere der öffentliche Personennahverkehr wird bei der Fahrzeugelektrifizierung eine bedeutende Rolle spielen.

Ziel des Modells Elektromobilität ist es, dass es sich in absehbarer Zeit finanziell selbst tragen kann. Eine Verlagerung der Wertschöpfungskette hin zu Gunsten der Automobilzulieferer und zukünftiger Marktteilnehmer aus dem Feld der Elektromobilität ist dabei sehr wahrscheinlich. Aus technischer Sicht ist die Technologie schon heute für den Endverbraucher ausreichend weit entwickelt. Noch bestehende Kaufwiderstände von Seiten des Kunden können durch Lerneffekte und intensive Verbrauchertestphasen weiter reduziert werden.

Literaturverzeichnis

Agentur für Erneuerbare Energien (2009): Deutschlands Informationsportal zu Erneuerbaren Energien.

Anegawa, T. (2010): Desirable characteristics of public quick charger.

Arbeitsgruppe ST1-MVV Energie, Verband deutscher Verkehrsunternehmen Hochschule Landshut (2011): Mobilitätsangebote mit Elektrofahrzeugen: neue Chancen für Verkehrsbetriebe? Energie Mobilität und IT Lebenswelt Elektromobilität-Kongress für Fahrzeug.

Beckmann, K. (2011): Integrierte Stadt- und Verkehrsentwicklung eine Renaissance? Deutsches Institut für Urbanistik.

Better Place (2011): http://www.betterplace.com.

Bundesanstalt für Straßenwesen (2000): Kennlinien der Parkraumnachfrage. Bremerhaven.

Bundesministerium für Justiz (2005): Gesetze über die Elektrizitäts- und Gasversorgung.

Bundesministerium für Umwelt, Naturschutz und Reaktorsicherheit (2009): Konzept eines Programms zur Markteinführung von Elektrofahrzeugen.

Bundesministerium für Wirtschaft und Technologie. (2011): Lebenswelt Elektromobilität. Programm: Sessions Smart Traffic.

Bundesministerium für Wirtschaft und Technologie, Arbeitsgruppe Erneuerbare Energien-Statistik (2008): Stromerzeugungskapazitäten, Bruttostromerzeugung und Bruttostromverbrauch in Deutschland. 2008.

Bundesnetzagentur (2011) Monitoringbericht 2011.

Bundesverband Erneuerbarer Energien (BEE) (2010): Elektromobilität und Erneuerbare Energien.

CHAdeMO Association (2011): DC Schnell-Ladestandard.

Deutscher Städtetag (2011): Elektromobilität als Chance für die Verkehrswende in Städten.

Eckstein, J. (2010): Die Elektromobilität lernt laufen – Fünf Thesen zur elektro-mobilen Zukunft.

Engel, T. (2009): Ladeinfrastruktur für Elektroautos. Deutsche Gesellschaft für Sonnenenergie e.V.

European Commission – Directorate General for Mobility and Transport (2011): White paper on transport.

EWZ (2010): Ladestationen für die Elektromobilität.

Fachhochschule Aachen (2011): Market Demand-Pull.

Fuhrpark.de (2010): Winterzeit – Gefahrenzeit: Worauf Sie achten müssen. In: Fuhrpark + Management 10/2010.

Future Fleet (2011): Eine Forschungsinitiative unter der Leitung von SAP und MVV Energie.

Gabler Wirtschaftslexikon (2011): Technology Push.

Gemeinde Zermatt (o.J.): Elektrobusbetrieb Zermatt.

Genoese, F./ Klobasa, M./ Wietschel, M. (2009): Zukünftige Entwicklung von Erneuerbaren Energien in Deutschland und Anforderungen an das Energiesystem.

Hermeling, C. (2011): Ökonomische Analyse alternativer Antriebe aus Kundensicht. In: Forschungsbereich Umwelt-und Ressourcenökonomik Zentrum für Europäische Wirtschaftsforschung (ZEW).

Jonuschat, H. (2011): Akzeptanz der Elektromobilität als Netzkomponente. In: Institut für Zukunftsstudien und Technologiebewertung (Hrsg.): Jahresbericht 2011.

Jung, C. (2011): Verkehr neu denken: Die Zukunft liegt in der Integration von ÖPNV und E-Mobilität.

Jürgens, P. (2010): Anteil der Flottenfahrzeuge steigt. In: Handelsblatt.

Knauer, M. (2011): Schnellladung an der Autobahn. In: Automobilwoche.

Knie, A. (2011): Neue Beweglichkeit. In: Innovationszentrum für Mobilität und gesellschaftlichen Wandel.

Körfgen, R. (2011): Elektromobilität als Wegbereiter für intermodale Angebote.

Kraftfahrt-Bundesamt (2011): Halter – Deutschland und seine Länder am 1. Januar 2011.

Kudling, M. (2011): Daimler erprobt induktives Laden beim BMVBS-Projekt „Effizienzhaus-Plus".

Kuther, T. (2010): Deutschland braucht ein intelligentes Gesamtkonzept für Elektromobilität. In: Elektronik Praxis.

LEMnet (2011): Stromtankstellen für Elektrofahrzeuge.

Linssen, J./ Birnbaum, U./ Markewitz, P. (2009): Potenzialabschätzung zum Einsatz von Elektrofahrzeugen in Deutschland. In: 6. Internationale Energiewirtschaftstagung an der TU Wien.

Malter, K. (2011): Intermodalität im ÖPNV am Beispiel Sachsen-Anhalt. In: Nahverkehrsservice Sachsen-Anhalt GmbH.

Matthies, G./Stricker K./Traeckner, J. (2010): Zum E-Auto gibt es keine Alternative.

McKinsey (2010): Neue McKinsey-Studie – Elektromobilität in Megastädten: Schon 2015 Marktanteile von bis zu 16 Prozent.

Mein Elektroauto (2011): An der Laterne das Elektroauto aufladen.

Nationale Plattform Elektromobilität (2011a): Elektromobilität – Internationaler Steckerstandard für den Kunden.

Nationale Plattform Elektromobilität (2011b): Zweiter Bericht der Nationalen Plattform Elektromobilität. In: Gemeinsame Geschäftsstelle Elektromobilität.

Pfeiffer, A. (2011): Einstieg in das Elektromobilitätsthema für Stadtwerke – Jetzt handeln! In: Kongress für Fahrzeug, Energie, Mobilität und Informations- und Kommunikationstechnologien.

Pollok, T./Hille, C./Schnettler, A. (2009): Netzeinbindung von Elektrofahrzeugen – Möglichkeiten flexibler Ladekonzepte. In: ETG Kongress.

Pollok, T./Szczechowicz, E./Matrose, C./Schnettler, A./Stöckl, G./Kerber, G./Lödl, M./Witzmann, R. (2010): Flottenversuch Elektromobilität – Netzmanagementstrategien mittels elektrifizierter Fahrzeugflotten. In: VDE-Kongress 2010, Paper INI 6.4.3

Rehtanz, C. (2011): Netze und Ladestationen: Welche Infrastruktur benötigen Elektrofahrzeuge?

Riedmann de Trinidad, G. (2011): Grüner Strom braucht digitale Technik. In: Frankfurter Allgemeine Zeitung, Ausgabe 24.10.2011.

Schlager, K. (2011): Nutzerakzeptanz von Elektroautos in einer ländlich geprägten Region. In: Institut für Transportation Design.

Schnettler, A./Witzmann, R./Behrens, P. (2010): Electric mobility fleet test – Grid management strategies with electric vehicle fleets.

Schönfelder, M./Pathmaperuma, D./Reiner, U. (2009): Elektromobilität: Eine Chance zur verbesserten Netzintegration Erneuerbarer Energien.

Schraven, S. (2010): Induktives Laden von Elektromobilen – Eine techno-ökonomische Bewertung.

Schwarzer, C. (2011). Windkraft in die Kaverne. In: Die ZEIT, Nr. 37.

Shell (2009): Pkw-Szenarien bis 2030. Fakten, Trends und Handlungsoptionen.

Siemens AG (2010): Siemens Elektrofahrzeug-Aktivitäten. Presse-Unterlage zum Siemens-Pavillon „Pionierleistungen der Elektromobilität, 1905-2010".

Statistisches Bundesamt (2009): Energie auf einen Blick.

Strube, S. (2011): Vertriebskonzepte für die E-Mobilität. In: Lautlos durch Deutschland GmbH.

Süddeutsche Zeitung (2011): Benzinpreise auf Höchstniveau.

Sunstrom.de (2011): Photovoltaik – Energieträger.

Theisen, T. (2009): RWE E-Mobility Projects.

The Mobility House (2011): Dienstleistung.

Uken, M. (2011): Stromnetz: Deutschland nervt Polen mit der Energiewende. In: Zeit Online.

Verein Medienberatung (2009): Positive Analyse zur deutschen Batteriewechselstation aus dem Saarland.

von Gersdorff, A. (2011): Unternehmen können von Smart Grids profitieren. In: Smart Grid, Sonderveröffentlichung des Reflex Verlages. Ausgabe 10/2011, S. 8.

Wilke, C. (2011): Rollende Kraftwerke kommen auf die Straße. In: Smart Grid, Sonderveröffentlichung des Reflex Verlages. Ausgabe 10/2011, S. 9.

Wirtschaftsministerium Baden-Württemberg (2010): Systemanalyse BWe mobil.

Wissenschaftszentrum Berlin für Sozialforschung (2011): Beendete Forschungsprogramme: Mobilität.

Autoren

Holger Benad ist akademischer Mitarbeiter am Reutlingen Research Institute in Reutlingen. Nach dem Bachelor- und Masterstudium des Wirtschaftsingenieurwesens mit den Studienschwerpunkten Logistikmanagement und Produktionsmanagement an der ESB Business School in Reutlingen unterstützt er das Kooperationsforschungsprojekt *Energy for future Mobility*. Parallel dazu hat er kurze Zeit später die Promotion an der DCU Dublin Business School in Irland aufgenommen. Des Weiteren ist er als Dozent für Marketing an der VWA Augsburg sowie für Industrielle Ökologie an der ESB Business School der Hochschule Reutlingen tätig. Seine Forschungsinteressen konzentrieren sich auf die Automobilindustrie sowie den Themenbereich Geschäftsinnovation.

Patrick Bieg ist als internationaler Trainee im Finanzbereich für die Volkswagen AG tätig. Während seines Studiums des Wirtschaftsingenieurswesens mit Schwerpunkt Produktionsmanagement an der ESB Business School in Reutlingen und der Beijing University of Technology in Peking setzte er seine persönlichen Studienschwerpunkte auf die Automobilindustrie und die chinesische Wirtschaft. Seine Projekte und Arbeitstätigkeiten während und nach dem Studium für Unternehmen wie u. a. die Audi AG und FAW-Volkswagen konzentrieren sich hauptsächlich auf den chinesischen und indischen Automobilmarkt.

Marina Bruttel ist Masterstudentin im Bereich Wirtschaftsingenieurswesen mit Schwerpunkt Production Management an der ESB Business School in Reutlingen. Derzeit studiert sie an der Universität Tecnologico de Monterrey (EGADE) in Mexiko. Nach dem Abitur studierte sie Controlling, Management and Information an der FH Ludwigshafen sowie am College of Charleston in den USA. Während ihres Studiums arbeitete sie im Einkauf der Firma VAG Armaturen in Mannheim, absolvierte ein Praktikum in der Fertigungsplanung der Audi AG Ingolstadt und schrieb ihre Bachelorarbeit bei der Audi AG.

Peter Kleine-Möllhoff ist seit dem Jahr 2000 Professor für Industrielle Ökologie an der Hochschule Reutlingen in der Fakultät ESB Business School und seit 2003 Leiter des Steinbeis-Transferzentrums Energie- und Umweltverfahrenstechnik, Eco-Management in München. Er hat an der Universität Kaiserslautern Maschinenbau studiert und war danach insgesamt 16 Jahre bei Degussa, Preussag Noell und W.L. Gore & Associates tätig. Seine Forschungsinteressen konzentrieren sich auf Umwelt- und Nachhaltigkeitsaspekte im industriellen Umfeld, insbesondere bei Klein- und mittelständischen Unternehmen. Er ist Mitglied des Arbeitskreises Nachhaltige Energiewirtschaft (AK-NEW) und unterstützt ehrenamtlich den VDI in den Arbeitskreisen Produktionsintegrierter Umweltschutz und Nachhaltiges Wirtschaften.

Aron Leitmannstetter studiert an der ESB Business School das Masterstudienprogramm Production Management, für das er sich mit dem Bachelor of Engineering im Wirtschaftsingenieurwesen mit dem Schwerpunkt Produktmanagement an der HAW Ingolstadt qualifizierte. Im Laufe seines akademischen Werdeganges studierte er außerdem an der University of Newcastle in Australien und an der Tongji University in Shanghai. Praxiserfahrung konnte er zudem bei diversen Unternehmen aus den Bereichen Automobilindustrie, Sondermaschinenbau als auch bei Unternehmensberatungen sammeln.

Clarissa Müller studierte Außenwirtschaft mit Schwerpunkt Marketing an der ESB Business School in Reutlingen und an der Swansea University in Wales. Während ihres Studiums absolvierte sie ein Praktikum bei Mercedes-Benz Canada im Classical Marketing. Zurzeit befindet sie sich in Dublin, um an der UCD Michael Smurfit Graduate Business School ihren MSc in iBusiness – Innovation through ICT zu erlangen.

Julia Opitz studierte Außenwirtschaft an der ESB Business School Reutingen und an der Chapman University in Orange County. Sie absolvierte Praktika bei der Lufthansa Technik AG und der SWISS International Air Lines AG im Produktmanagement. Derzeit absolviert sie ein Traineeprogramm bei der Volvo Automobile (Schweiz) AG, wo sie an verschiedenen CRM-Projekten arbeitet. Parallel dazu absolviert sie ein Fernstudium zum Master of Arts in General Management an der Internationalen Hochschule in Bad Honnef.

Mourad Ouaid ist Student an der ESB Business School Reutlingen und Ingenieur im Automotive-Bereich. Nach dem Studium des Informatikingenieurwesen an der Technischen Universität Hamburg-Harburg war er zwei Jahre als Softwareentwickler tätig und vier Jahre in der Automobilindustrie im Bereich Elektrik und Elektronik beschäftigt.

Carsten Rennhak ist Professor für Marketing an der ESB Business School und Direktor des Instituts für kundenorientierte Unternehmensentwicklung. Nach dem Studium der BWL an der Universität Augsburg sowie der VWL an der Wayne State University, Detroit, und seiner Promotion an der Ludwig-Maximilians-Universität in München war er mehrere Jahre als Unternehmensberater und Projektleiter bei *booz & Co.* sowie als Professor an der Munich Business School tätig. Seine Forschungsinteressen konzentrieren sich neben den Themen Kommunikationspolitik und Unternehmensstrategie auf die Automobilindustrie und die Energiewirtschaft. Er ist als Visiting Professor u. a. an der SP Jain in Mumbai, der Polytechnical State University St. Petersburg und der Zagreb School of Economics and Management tätig sowie Gutachter bzw. Mitherausgeber für zahlreiche internationale Fachzeitschriften.

Stefan Will ist Student des Masterstudiengangs Produktionsmanagement an der ESB Business School in Reutlingen. Bereits während seines Bachelorstudiums des Wirtschaftsingenieurwesens an der Hochschule Ingolstadt und der Tongji University in Shanghai setzte er seine persönlichen Studienschwerpunkte auf Produktion und Logistik sowie die Automobilindustrie. Projekte und Arbeitstätigkeiten während des Studiums für Unternehmen wie die Audi AG, die Continental AG und die Robert Bosch GmbH konzentrieren sich hauptsächlich auf die internationale technische Beschaffung sowie die Produktionsplanung.

***ibidem*-Verlag**
Melchiorstr. 15
D-70439 Stuttgart
info@ibidem-verlag.de

www.ibidem-verlag.de
www.ibidem.eu
www.edition-noema.de
www.autorenbetreuung.de